幼儿园舞蹈训练与创编

主 编 闫 洁 虎 莹 王 瑞
副主编 刘 蓓

中国书籍出版社
China Book Press

图书在版编目(CIP)数据

幼儿园舞蹈训练与创编 / 闫洁,虎莹,王瑞主编. -- 北京：中国书籍出版社,2022.8
ISBN 978-7-5068-9161-5

Ⅰ.①幼… Ⅱ.①闫… ②虎… ③王… Ⅲ.①学前教育－儿童舞蹈－幼儿师范学校－教材 Ⅳ.①G613.5

中国版本图书馆 CIP 数据核字(2022)第 159102 号

幼儿园舞蹈训练与创编

闫 洁 虎 莹 王 瑞 主编

丛书策划	谭 鹏 武 斌
责任编辑	毕 磊
责任印制	孙马飞 马 芝
封面设计	东方美迪
出版发行	中国书籍出版社
地　　址	北京市丰台区三路居路 97 号(邮编：100073)
电　　话	(010)52257143(总编室)　(010)52257140(发行部)
电子邮箱	eo@chinabp.com.cn
经　　销	全国新华书店
印　　厂	三河市德贤弘印务有限公司
开　　本	710 毫米×1000 毫米　1/16
字　　数	384 千字
印　　张	24.25
版　　次	2023 年 3 月第 1 版
印　　次	2023 年 5 月第 2 次印刷
书　　号	ISBN 978-7-5068-9161-5
定　　价	98.00 元

版权所有　翻印必究

目 录

第一章　幼儿园舞蹈 ………………………………………… 1
　第一节　幼儿园舞蹈教育 ………………………………… 1
　第二节　幼儿园舞蹈教学设计 …………………………… 4

第二章　肢体开发与舞蹈基础训练 ………………………… 7
　第一节　肢体的舞蹈基础概念认知 ……………………… 7
　第二节　肢体开发与训练 ………………………………… 14

第三章　五大领域概念训练 ………………………………… 137
　第一节　低阶训练——小班教学 ………………………… 137
　第二节　中阶训练——中班教学 ………………………… 150
　第三节　高阶训练——大班教学 ………………………… 165

第四章　幼儿舞蹈表演组合 ………………………………… 181
　第一节　律动训练 ………………………………………… 181
　第二节　游戏组合训练 …………………………………… 217
　第三节　歌表演训练 ……………………………………… 262

第五章　情境道具组合 ……………………………………… 323
　第一节　道具舞蹈 ………………………………………… 323
　第二节　情境舞蹈组合 …………………………………… 345

学生寄语 ……………………………………………………… 376

学生寄语 ……………………………………………………… 377

学生寄语 …………………………………………………… 378

后记 ………………………………………………………… 379

参考文献 …………………………………………………… 381

第一章 幼儿园舞蹈

在语言诞生前,人类就已经开始运用舞动的身体语言来传递情感与信息;婴儿在学会说话前,也会"手舞足蹈"地用各种动作传情达意,并成为生活中的重要信息传递媒介,构成人类社会性的特点。生活中对学龄前儿童含义的概念泛指入学前0~6岁年龄段,包括婴儿、幼儿和未接受小学教育之前的儿童[①]。

幼儿园舞蹈是由3~6岁儿童表演的,以现实生活场景为主题内容的舞蹈,是综合游戏与情感双重感知维度,具有形象直观性、情感认同性的特点的舞蹈,它贴近孩子的生活,深受孩子喜爱。

第一节 幼儿园舞蹈教育

一、幼儿园舞蹈教育的目标

学前期是儿童学习自身能力发展及各种技能提升的重要阶段。针对每个孩子精心地设计舞蹈活动内容,让他们轻松自然地走进舞蹈活动,激励每位儿童主动、积极、自信地参与活动是幼儿园舞蹈教育的基本目标。在恰当的舞蹈活动中,实行差别化教育,利用多种方式,让每位学前儿童都能根据自己的实际水平按各自的步调发展,体验成功的喜悦,满足自我表现的需要,树立好他们的自信心,这是幼儿园舞蹈教育的阶段目标。学前儿童在参与舞蹈的过程中,通过协作练习可以与其他的孩

---

① 舞蹈教育学百度百科(网址:http://baike.baidu.com/view/7260682.htm);2008-04-20

子交朋友,产生与人合作的意识,并在反复的练习过程中锻炼儿童的意志,建立良好的品质,这是幼儿园舞蹈教育的终极目标。

每一位学前儿童都有通过舞蹈艺术促进自身发展和感受舞蹈魅力的权利,但每位儿童的舞蹈才能与水平却各有差异。因此,在引导幼儿理解学习与练习舞蹈的过程中,教师要善于发掘那些具有舞蹈天赋的儿童,并为他们创造进一步学习舞蹈的机会。同时,对于那些能力较弱的儿童也要给予充分的关注与指导,以帮助他们在舞蹈活动中获得发展,如智力开发、强身健体、锻炼意志等。

(一)开发智力

舞蹈艺术是肢体不断在运动中向大脑传递信息的过程,每一个肢体部位的单独运动与配合运动都会在大脑控制下完成,这种不断向大脑输入信息形成刺激的过程,可有效地开发幼儿智力;同时,还可以在音乐的听觉感知中激法创造力、思维力,在情节与游戏舞蹈中开发幼儿的语言表达能力、大脑的想象力和专注力等,这有助于培养学前儿童与人交往的能力,并建立起初步的合作意识,形成良好性格,促进其社会性的发展。

(二)强身健体

舞蹈艺术是以人的肢体语言为表达媒介的动态艺术,可以直观形象地表现出孩子生活中富有情趣与娱乐性的动作、场景等,其动态的沉浸感受深受学前儿童的喜爱。身体各部位的科学运动可以增强体质和抵抗力,提高孩子肢体动作的稳定性、灵敏性与协调性。不仅可以塑造挺拔向上的优美身形,还可以促进学前儿童身体健康和生长发育。

(三)锻炼意志力

舞蹈艺术源于生活又超越生活,其肢体的表达是通过不断地规训、打磨而达到艺术审美力。在舞蹈练习过程中,从模仿到认知、从掌握到表达的过程是一个思维认知、肢体能力不断建构的过程,通过舞蹈练习中对肢体能力、记忆力、专注力、精神意志力的不断挑战,使孩子在"挑战自我"与"坚持不懈"中拥有获得感,从而为形成良好的品格打下坚实的基础。

二、学前儿童舞蹈的生理基础

(一)知觉基础

学前儿童舞蹈教学是以儿童生理发展为中心,围绕儿童各成长阶段生理特点进行的科学化训练。通常在舞蹈表演的过程中,需要学前儿童具备基本知觉,如舞台方位知觉;舞伴之间的距离知觉;姿态、队形和道具的形状知觉;舞蹈音乐的节奏知觉、音调知觉和时间知觉等。就方位知觉而言,儿童在婴儿期就已经发展了深度知觉,在6岁以前已能完全辨别上、下、前、后四个方位,不少学前儿童也能顺利辨认左、右,这对于其学习舞蹈很有帮助。但这个年龄阶段,他们的距离知觉水平仍有限,尤其是对左右方位的辨别还相对困难。因此在舞蹈教育中应该因材施教,选择适宜生理发展特点的教学手段、内容,如:做"镜面"示范,便于学前儿童理解和快速掌握舞蹈动作等。

(二)记忆基础

在舞蹈的情景拟造、故事叙述、短句动作、队形排列等舞蹈构成中需要有一定的记忆能力。5~6岁的学前儿童已具备短暂记忆和长久记忆能力,注意力时长也相对延长。因此,在此阶段的教学内容与方法上需围绕儿童记忆水平,通过抽象、概括性较强的内容促进儿童记忆力的不断提高。

(三)社交能力基础

舞蹈教学的过程也是社会群体社交的过程,需要儿童具备一定的语言与社交能力,以保证教师与儿童、儿童与儿童之间的有效沟通。学前时期是人一生中词汇增加得最快的时期,3~7岁儿童掌握的词汇数量几乎每年增长一倍,幼儿园为儿童提供了有利的社交环境,学前儿童与同伴、教师等家庭小环境以外的人的交流,促进了其言语能力和社交能力的发展,这为舞蹈教学的顺利开展奠定了基础。

三、幼儿园舞蹈的心理基础

舞蹈表演与训练的过程是一个特殊情境连贯拟造与表达的过程,也是一个自我个体意识建立的过程，要求儿童具备一定的心理素质基础。如：要求儿童具有较稳定情绪及能通过引导调整控制情绪的能力，从而保证舞蹈教学的顺利完成。因此，针对儿童心理特征，教学中的教学内容与手段需遵循儿童心理变化进行不断调整与设计，并通过舞蹈教学进一步增强儿童的心理成长。

（一）增强自信心，培养良好性格

学前儿童正处于性格初步养成时期。在舞蹈活动中儿童可以通过空间认知达到动作步调一致；通过肢体开发形成优美舞姿；通过协作沟通完成队形变化等，可以使学前儿童在舞蹈中得到愉悦与成就感。

另外，教师对学前儿童的评价与反馈也是学前儿童自信心树立的关键环节，如表扬的话语、鼓励的眼神等都有助于促进学前儿童自我认知。特别是在舞蹈表演过程中通过舞蹈得到的认可反馈可使学前儿童建构审美标准与个人目标，形成个体意识，从而有助于儿童良好性格的建构。

（二）提升心理健康水平

由于学前儿童受语言发展水平的限制，相较于成人还不能准确用语言表达情绪、情感，因此舞蹈表达方式是儿童自我情绪释放的重要途径。如：兴奋时雀跃欢呼、连蹦带跳；伤心时垂头弓背；喜爱时拥抱击掌；愤怒时握拳跺脚，这些自我情绪的表达都可通过舞蹈动作进行放大，从而在舞蹈的过程中与儿童内在情感建立连接，促进儿童心理健康水平的提升。

第二节　幼儿园舞蹈教学设计

一、幼儿园舞蹈教学组织方法

幼儿园舞蹈活动需根据儿童身心发展特点建构多元组织实施方式，通过不同的组织方法激发儿童学习兴趣，提升学习效率。

(一)音乐引导组织方法

音乐引导组织法是指运用不同节奏、风格的乐曲和儿歌等作为舞蹈动作产生的元素,要求儿童跟随音乐节奏通过击掌、跺脚、拍腿等动作强调音乐节奏,从而产生舞蹈动作形成动律的方法。该组织方法可使儿童在听觉、触觉沉浸体验中学习舞蹈,培养肢体表达意识,增强肢体协调能力与节奏掌控能力。

(二)游戏带入组织方法

游戏带入组织法是指通过单人、双人、多人游戏的设计,如:指鼻子、躲猫猫、开火车、拔萝卜等。以游戏主题为舞蹈产生动机,通过教师口令下达完成与幼儿个体动作呼应、幼儿双人之间的合作配合、幼儿多人的合力协作,产生肢体语言,使幼儿在游戏的愉悦中肢体得以开发,社交能力得以提升。

(三)情景模拟组织方法

情景模拟组织法是指通过假设情境使幼儿在特定的场景中转换角色,从而产生肢体语言的方法,如:我是小司机、小花猫学本领、老师您好等,这种贴近生活的组织方式使幼儿在舞蹈扮演过程中提高对周围事物的感知力,以舞蹈认知世界,培养共情力。

(四)美术融合组织方法

美术融合组织法是指通过无实物绘画的方式,通过身体不同部位模拟画笔"以舞作画"形成舞蹈语汇,如:画星星、画云朵、画小河等,使幼儿在舞蹈的过程中建构逻辑思维,同时认识植物、动物等。

二、幼儿园舞蹈教学的实施与手段

(一)语言引导

语言是教育教学指导的一种主要教学手段,在幼儿园活动中,常用的语言指导方法主要有:讲解、提问、反馈、指示、提示、激发和鼓励等。

(1)讲解:讲解一般包括讲述与解释。在幼儿舞蹈教育活动中,教师要掌握讲解的方法,主要是为了向幼儿提供各种与音乐学习、舞蹈学习有关的信息,以及加工这些信息的程序和方法。

(2)提问:在幼儿园舞蹈教育活动中,教师要掌握提问这一方法的目的原则及注意事项。提问的目的是提取幼儿原有的已知知识,提醒幼儿关注观察重点。如保持动作的节奏、方向、姿态等。提问的原则要具有开放性、启发性,问题应该易于记忆、易于理解和解答,即问题应该具有明确的指向性。如对年龄小的幼儿每次应只提问一个问题,并在提问之前,教师应该明确提问的目的。

(3)反馈:在幼儿园舞蹈教育活动中,教师采用反馈的方法,主要是为了让孩子了解自己对学习做出的反应,并能够让孩子学会根据自己的反应与教师要求之间的差异做出主动调整。

(4)提示和指示:在幼儿园舞蹈教育活动中,教师运用提示的方法,兼有引导幼儿注意方向和偶尔帮助克服记忆困难两种作用。

(5)激发和鼓励:主要是为了激发和维持幼儿参加活动的热情,引起幼儿对作品的情感共鸣等目的,教师引用鼓励的方法,主要是为了帮助幼儿对自身活动的情况做出积极的评价,并对最积极的幼儿学习能力不断肯定增加其信心。

(二)范例应用

范例包括示范法和演示法,具有形象性、具体性、直接性和真实性的特点,在舞蹈教育活动中,范例运用具有重要的意义。

主要是由教师亲自做动作教学生,让学生模仿跟着老师练习。在示范之前,教师要明确示范目的,并在示范之前让幼儿明确如何观察示范和观察之后如何做出反应。在示范之后,教师应该首先检查幼儿是否按照要求观察和反应了,如没有达到要求,教师还需重新提出问题并且示范。

第二章 肢体开发与舞蹈基础训练

学前儿童一般年龄范围在 0~6 岁,身体发育处于一生中新陈代谢最旺盛、身体结构和机能变化最快、可塑性最强的时期。肌肉骨骼的迅速生长,生理机能的不断发展,为学前儿童肢体动作的协调性能力系统地建构奠定了基础。基于此,该年龄段的教学需以肢体认知为基础,通过对不同坐姿、手的位置、形态等的练习构建儿童对方位认知、位置把控的思维模型,培养其肢体运动的秩序感。

第一节 肢体的舞蹈基础概念认知

一、准备坐姿

(一)正步位深坐

正对一点,双腿伸直,并拢绷脚,双臂伸直,指尖旁向斜下方点地(图 2-1)。

图 2-1

（二）双腿盘坐（图 2-2）

图 2-2

（三）双腿跪坐（图 2-3）

图 2-3

二、基本手位

（一）双手前平位

双手与肩同宽，与肩齐平，手臂伸直五指并拢（图 2-4）。

图 2-4

(二)双手旁平位

正对一点,双腿弯曲,脚心相对,双臂伸直与肩膀齐平形成一字横线(图 2-5)。

图 2-5

(三)双手斜上位

正对一点,双腿弯曲,双脚交叉盘坐,双臂伸直左右手向斜上方打开(图 2-6)。

(四)双手斜下位

正对一点,双腿伸直,双脚并拢,双臂伸直左右手向斜下方打开,指尖点地(图 2-7)。

(五)双手正上位

正对一点,双腿弯曲,双脚交叉盘坐,双臂伸直指尖向上,双手夹住头(图 2-8)。

图 2-6

图 2-7

图 2-8

(六)双手旁按掌

　　正对 1 点,双腿盘坐,双臂伸直左右手向斜下方打开,五指并拢指尖上翘(图 2-9)。

图 2-9

三、基本方位

(一)正前

面对自己的正前方(图 2-10)。

(二)正后

身体正后方(图 2-11)。

图 2-10 　　　　　　　　图 2-11

（三）左旁

左侧正旁（图 2-12）。

（四）右旁

右侧正旁（图 2-13）。

图 2-12　　　　　图 2-13

（五）左斜前

左侧正旁与正前方，从左侧算最中间距离（图 2-14）。

（六）右斜前

右侧正旁与正前方，从右侧算最中间距离（图 2-15）。

（七）左斜后

左侧正旁与正后方，从左侧算最中间距离（图 2-16）。

（八）右斜后

右侧正旁与正后方，从右侧算最中间距离（图 2-17）。

第二章 肢体开发与舞蹈基础训练

图 2-14

图 2-15

图 2-16

图 2-17

第二节　肢体开发与训练

根据不同年龄幼儿身体发育特征,舞蹈活动计划应该遵循"科学教学"原则循序渐进,在动作协调能力、肢体灵活度以及自我肢体认知的过程中对幼儿自信树立、智力开发、思维拓展、价值观萌发等实现系统构建。这个过程既是不同阶段的特殊化教学实施,又是各阶段教学实施的体系化连接,层层递进,步步为营。在各阶段"立"的同时,又为下阶段教学目标的达成给予扎实的铺垫。所以,该教材按小班、中班、大班不同层级进行划分,明确肢体开发与训练的阶段化任务,突出教学的科学性。

一、低阶训练——小班教学

(一)前压腿训练组合

1. 训练目的

使幼儿准确认知髋关节、膝关节、踝关节等下肢部位,并训练开发幼儿的腿部柔韧能力与上身的延展能力。

2. 动作规格与要领

(1)规格:前压腿动作时注意上身延展与下肢紧密贴合,最大限度拉伸。

(2)要领:上身不能躬背,两腿不能弯膝,也不能分开。

3. 组合分解动作示范

(1)准备拍:(5—6—7—8)拍正步位深坐,两腿并拢伸直绷脚,后背直立,双手旁点地(图2-18)。

图 2-18

(2)(1—8)拍:保持准备拍动作不变(图 2-19)。

图 2-19

(3)(2—8)拍

1-2 拍:双手弯胳膊肘,合掌放在左肩前快速拍手一次(图 2-20)。

图 2-20

3—4 拍:双手弯胳膊肘,合掌放在右肩前快速拍手一次(图 2-21)。

图 2-21

5—6 拍:重复 1—2 拍动作一次(图 2-22)。

图 2-22

7—8 拍:重复 3—4 拍动作一次(图 2-23)。

图 2-23

(4)(3—8)拍

1—2拍:双手从右肩前合掌变为双手插腰手位(图2-24)。

图 2-24

3—4拍:双手从插腰手位变为双手点肩(图2-25)。

图 2-25

5—6拍:重复1—2拍动作一次(图2-26)。

图 2-26

7—8拍:重复3—4拍动作一次(图2-27)。

图 2-27

(5)(4—8)拍

1—2拍:双手回到插腰位(图2-28)。

图 2-28

3—4拍:双手打开到旁斜下方25度(图2-29)。

图 2-29

5—6拍:双手打开到旁平位(图2-30)。

图 2-30

7—8拍:双手伸向正上位,并与肩同宽;指尖向上,五指并拢,手心向前(图2-31、图2-32)。

图 2-31

图 2-32

(6)(5—8)拍

1—2—3—4拍:勾脚造型保持不变,上身俯身向下压,双手胳膊伸直,手抓住脚尖(图2-33)。

图 2-33

5—6—7—8拍:双手夹头带上身起来坐直(图2-34)。

图 2-34

(7)(6—8)拍

1—2—3—4拍:重复(5—8)拍前四拍的动作(图2-35)。

图 2-35

5—6—7—8拍:重复(5—8)拍后四拍的动作(图2-36、图2-37)。

图 2-36

图 2-37

(8)(7—8)拍

1—2—3—4拍:重复(5—8)拍前四拍的动作(图2-38)。

图 2-38

5—6—7—8 拍:重复(5—8)拍后四拍的动作(图 2-39、图 2-40)。

图 2-39

图 2-40

(9)(8—8)拍

1—2—3—4 拍:重复(5—8)拍前四拍的动作(图 2-41)。

图 2-41

5—6—7—8拍:重复(5—8)拍后四拍的动作(图2-42、图2-43)。

图 2-42

图 2-43

(10)(9—8)拍

1—2拍:双手从正上位变为双手点肩,同时保持大臂持平(图2-44)。

图 2-44

3—4拍:双手从点肩位变为双手插腰手位(图2-45)。

图 2-45

5—6拍:重复1—2拍的动作(图2-46)。

图 2-46

7—8拍:重复3—4拍的动作(图2-47)。

图 2-47

(11)(10—8)拍

1—2拍:双手打开到旁斜下方25度(图2-48)。

图 2-48

3—4拍:双手打开到旁平位(图2-49)。

图 2-49

5—6拍:双手伸向正上位,并与肩同宽;指尖向上,五指并拢,手心向前(图2-50)。

图 2-50

7—8拍:双腿伸直双脚并拢,回身转回一点坐直,双手旁点地(图2-51)。

图 2-51

(12)(11—8)拍

1—2拍:双脚造型保持不变,上身俯身向下压,双手胳膊伸直,手抓住脚尖(图2-52)。

图 2-52

3—4拍:双手夹头带上身起来坐直(图2-53)。

图 2-53

5—6拍:重复1—2拍动作(图2-54)。

图 2-54

7—8拍:重复3—4拍动作(图2-55)。

图 2-55

(13)(12—8)拍

1—2拍:双脚造型保持不变,上身俯身向下压,双手胳膊伸直手抓住脚尖(图2-56)。

图 2-56

3—4 拍:双手夹头带上身起来坐直(图 2-57)。

图 2-57

5—6 拍:重复 1—2 拍动作(图 2-58)。

图 2-58

7—8 拍:重复 3—4 拍动作(图 2-59)。

图 2-59

第二章 肢体开发与舞蹈基础训练

4. 音乐曲谱

小毛驴

中国儿歌

1=C 2/4

1 1　1 3　|5 5　5 5　|6 6　6 i　|5　-　|

4 4　4 6　|3 3　3 5　|2 2　2 2　|5.　　5　|

1 1　1 3　|5 5　5 5　|6 6　6 i　|5　-　|

4 4　4 6　|3 3 3 3　3 5　|2 2 2 2　3　|1　-　‖

《小毛驴》乐曲为 C 大调乐曲,节拍为 2/4 拍,因其每小结只有一个节拍重音,便于小班的儿童(3~4 岁)快速掌握节奏。乐曲以四分音符为一拍,每小节两拍,平均的四个八分音符组合成为一小节,采用小三度音程、大三度音程、纯四度音程相结合的形式组成,让旋律有平稳进行的感觉。乐曲速度不宜过快,可以控制在一分钟 72~96 拍左右。因为小班的学龄前儿童骨骼、肌肉的发育还不是很完全,加之身体协调性普遍较差,所以在选择音乐时,要尽可能地选择节奏规整、曲调简单的旋律。伴奏可以采用柱式和弦形式,突出节奏重音,便于小班的学龄前儿童掌握节奏。

(二)旁压腿训练组合

1. 训练目的

训练旁腿内侧韧带的拉伸与下侧旁腰时大臂及腰部韧带的拉伸与平直。

2. 动作规格与要领

(1)规格:旁腿动作时要注意与侧耳平行,前腿胯根打开膝盖对2点方向或反面动作8点方向,胯贴地面。

(2)要领:腿部伸直,膝盖与脚面对正上方,向侧面压旁腿时上身不能向里抠,需要打开后背贴腿,手找脚。

3. 组合分解动作示范

(1)准备拍:(5—6—7—8)正步位深坐,两腿并拢,双臂伸直,双手向斜下方点地(图 2-60)。

图 2-60

(2)(1—8)拍

1—2拍:正步位深坐,两腿并拢,双手旁点地做低头动作一次(图 2-61、图 2-62)。

图 2-61

图 2-62

3—4 拍：正步位深坐，两腿并拢，双手旁点地头回正（图 2-63）。

图 2-63

5—6 拍：正步位深坐，两腿并拢，双手旁点地做仰头动作一次（图 2-64、图 2-65）。

图 2-64

图 2-65

7—8 拍：正步位深坐，两腿并拢，双手旁点地头回正（图 2-66）。

图 2-66

(3)(2—8)拍

1—2 拍：正步位深坐，两腿并拢，双手旁点地做左倾头动作一次（图 2-67）。

图 2-67

3—4拍:正步位深坐,两腿并拢,双手旁点地头回正(图2-68)。

图 2-68

5—6拍:正步位深坐,两腿并拢,双手旁点地做右倾头动作一次(图2-69)。

图 2-69

7—8拍:正步位深坐,两腿并拢,双手旁点地头回正(图2-70)。

图 2-70

(4)(3—8)拍

1—2拍:第一拍,做低头动作(图2-71)。

图 2-71

第二拍,头回自然正方位(图2-72)。

图 2-72

3—4拍:第一拍,做仰头动作(图2-73)。

图 2-73

第二拍,头回自然正方位(图 2-74)。

图 2-74

5—6 拍:第一拍,做左倾头动作(图 2-75)。

图 2-75

第二拍,头回自然正方位(图 2-76)。

图 2-76

7—8拍:第一拍,做右倾头动作(图2-77)。

图 2-77

第二拍,头回自然正方位(图2-78)。

图 2-78

(5)(4—8)拍

1—2—3—4拍:双手从旁点地位移至前平位,双臂与肩齐宽同时五指并拢,手心向前、指尖向上(图2-79至图2-81)。

图 2-79

图 2-80

图 2-81

5—6拍：第一拍，双臂同时向两侧分开到旁斜前方(图2-82)。

图 2-82

第二拍，继续向两侧分开15度左右位置，在手臂变换位置的同时指尖做上下起伏波动动作(图2-83)。

图 2-83

7—8拍:双臂打开到旁平位,手心分别推向三点和七点位置,动作过程中指尖上下起伏波动,最后指尖向上停住保持造型(图2-84)。

图 2-84

(6)(5—8)拍

1—2—3—4拍:双手旁平位保持不变,每一拍完成一次手腕下压上翘动作(图2-85、图2-86)。

图 2-85

图 2-86

5—6 拍:左手从旁平位回到插腰手,右手握拳指尖向下指一次(图 2-87)。

图 2-87

7—8 拍:第一拍,右手推向右斜前方指尖指一次地面(图 2-88)。

图 2-88

第二拍,右手推向正前方前平位处指尖向地面指一次(图 2-89、图 2-90)。

图 2-89

图 2-90

(7)(6—8)拍

1—2拍:双手屈臂弯肘,两手相叠,右手在上,左手在下,手心向下(图 2-91、图 2-92)。

图 2-91

图 2-92

第一拍,双手指尖分开同时上下(图 2-93、图 2-94)。

图 2-93

图 2-94

第二拍,双手指尖合并(图 2-95、图 2-96)。

图 2-95

图 2-96

3—4 拍:重复 1—2 拍动作(图 2-97、图 2-98)。

图 2-97

第二章 肢体开发与舞蹈基础训练

图 2-98

5—6拍:第一拍,双手扩指伸向头上方,完成一次转腕动作(图 2-99)。

图 2-99

第二拍,双手打开旁平位,完成一次转腕动作(图 2-100)。

图 2-100

7—8拍：双手打开到旁斜下方，完成一次转腕动作（图2-101）。

图 2-101

（8）(7—8)拍

1—2—3—4拍：双臂屈肘，将左手放在左肩前，右手放在右肩前，手心向前，手指尖向上，肘关节向下，快速完成手腕的左右晃动（图2-102至图2-104）。

图 2-102

图 2-103

第二章 肢体开发与舞蹈基础训练

图 2-104

5—6拍：双臂屈臂弯肘，两手相叠右手在上左手在下，手心向下。第一拍，双手指尖分开同时上下（图2-105）。

图 2-105

第二拍，双手指尖合并（图2-106）。

图 2-106

7—8拍:重复5—6拍动作(图2-107、图2-108)。

图2-107

图2-108

(9)(8—8)拍

1—2—3—4拍:双臂屈肘,将左手放在左肩前,右手放在右肩前,手心向前,手指尖向上,肘关节向下,快速完成手腕的左右晃动(图2-109、图2-110)。

图2-109

第二章　肢体开发与舞蹈基础训练

图 2-110

5—6—7—8 拍:第一拍,双手变为旁按掌(图 2-111)。

图 2-111

后三拍,双手弯胳膊肘,指尖从里向外掏出划圈,双胳膊肘夹住两侧腰肌处,双手分别向 2 点方向与 8 点方向平摊手(图 2-112)。

图 2-112

(10)(9—8)拍

1—2拍:左腿从正前向旁打开,同时右手自然垂下,垂到右侧体旁(图2-113)。

图 2-113

3—4拍:右腿从前向里屈膝弯回,绷脚点在左侧大腿根处,右膝对2点方位处(图2-114)。

图 2-114

5—6拍:左手抱住右旁腰,最后一拍勾左脚(图2-115、图2-116)。

图 2-115

图 2-116

7—8拍:右胳膊经过右旁平位伸向头上方(图 2-117)。

图 2-117

(11)(10—8)拍

1—2—3—4拍:身体从右侧下左旁腰,右手从上随身体划向左旁(图 2-118)。

图 2-118

身体尽量侧躺在左腿上,右侧旁腰拉长,脸对着1点方向(图2-119)。

图 2-119

5—6—7—8拍:右手带着身体起来坐直(图2-120)。

图 2-120

(12)(11—8)(12—8)(13—8)(14—8)拍

1—2—3—4拍:重复(10—8拍)前四拍动作(图2-121、图2-122)。

图 2-121

图 2-122

5—6—7—8 拍：重复(10—8 拍)后四拍动作(图 2-123)。

图 2-123

(13)(15—8)拍
1—2—3—4 拍：右手从上经过右旁，停在右旁点位(图 2-124)。

图 2-124

5—6—7—8拍:左手从环抱腰处打开到左侧旁点地位(图2-125)。

图 2-125

(14)(16—8)拍

1—2—3—4拍:右腿伸直正前方绷脚(图2-126)。

图 2-126

5—6—7—8拍:左腿从左侧夹紧并拢到正前方,正步位深坐,双手插(收)腰(图2-127)。

图 2-127

4. 音乐曲谱

数鸭子

作曲 王嘉祯

1=C 4/4

3　1　33 1　|33 56 5　-　|66 66 44 4　|23 21 2　-　|

3　10 3　10　|33 56 6　-　|1̇　55 6　3　|

21 23 5　-　|1̇　55 6　3　|21 23 1　-　‖

《数鸭子》乐曲是一首脍炙人口的幼儿歌曲,C 大调,4/4 拍,以四分音符为一拍,每小节四拍,中速。音乐运用音程三度激进的方式,将"小鸭子"一摇一摆的形象充分地展现出来,同时把小朋友"认真、努力"数鸭子的行为表现出来。结尾处纯四度音程下行的创作形式,又准确地表现了因为"数不清"小鸭子的个数所带来的无奈之感,让乐曲更富于戏剧性。为了更好地表现音乐活泼、欢快的情绪,伴奏采用半分解和弦的形式,既强调了节奏重音,又增加了跳跃感,使乐曲更显童趣。

(三)后压腿训练组合

1. 训练目的

训练后腿胯根韧带的拉伸与前腿大腿后侧韧带的拉伸。

2. 动作规格与要领

(1)规格:后腿动作时要注意向后下头时上身四点放正,前腿胯根打绷脚小腿弯曲收回,两侧臀部贴于地面开膝盖对 1 点方向。

(2)要领:后腿部伸直,膝盖与脚面对地面,向后下头下腰时上身不能斜,要向打开后背头方向去找臀部。

3. 组合分解动作示范

(1)准备拍(5—6—7—8):单膝跪地,前腿小腿绷脚向里收回,两侧臀部坐于地面,后腿伸直双手旁点地(图 2-128、图 2-129)。

图 2-128

图 2-129

(2)(1—8)拍

1—2 拍:右手从旁点地位由手腕带动经过旁平位、斜上位、到正上位后手臂呈弧线造型后停住(图 2-130)。

图 2-130

3—4 拍:右手保持造型不动,左手从旁点地位由手腕带动经过旁平位、斜上位到正上位后手臂呈弧线造型后停住(图 2-131)。

图 2-131

5—6 拍:右手从正上位经过斜上位到旁平位,经斜下位摆旁按掌造型(图 2-132)。

图 2-132

7—8拍:右手保持旁按掌造型不动,左手从正上位经过斜上位到旁平位,经斜下位摆旁按掌造型(图2-133)。

图 2-133

(3)(2—8)拍

1—2拍:右手从旁点地位由手腕带动经过旁平位、斜上位到正上位后,手臂呈弧线造型停住(图2-134)。

图 2-134

3—4拍:右手保持造型不动,左手从旁点位由手腕带动经过旁平位、斜上位、到正上位后,手臂呈弧线造型停住(图2-135)。

5—6拍:右手从正上位经过斜上位到旁平位,经斜下位摆旁按掌造型(图2-136)。

图 2-135

图 2-136

7—8拍:右手保持旁按掌造型不动,左手从正上位经过斜上位到旁平位,经斜下位摆旁按掌造型(图2-137)。

图 2-137

(4)(3—8)拍

1—2—3—4拍：双手同时从旁按掌位经过旁平位，向旁斜上方缓缓升起，停至正上方摆住造型(图 2-138 至图 2-140)。

图 2-138

图 2-139

图 2-140

5—6—7—8拍:双手同时从正上位经过旁平位,向旁斜下方缓缓落下停止,摆旁按掌造型(图2-141、图2-142)。

图 2-141

图 2-142

(5)(4—8)拍

1—2—3—4拍:双手同时从旁按掌位经过旁平位,向旁斜上方缓缓升起停止,摆正上方造型(图2-143、图2-144)。

图 2-143

图 2-144

5—6—7—8 拍:双手同时从正上位经过旁平位,向旁斜下方缓缓落下停止,摆旁按掌造型(图 2-145、图 2-146)。

图 2-145

图 2-146

(6)(5—8)拍

1—2—3—4拍:双手旁点地,头带着颈、肩、腰依次缓缓向后下。

5—6—7—8拍:双手旁点地动作不变,由腰带动肩部、头部缓缓起来坐直。重复三遍(6—8、7—8、8—8)拍动作,如图2-147、图2-148所示。

图 2-147

图 2-148

(7)(9—8)拍

1—2—3—4拍:双手旁点地,头带着颈、肩、腰依次缓缓向后下;同时后腿弯膝盖绷脚翘起小腿,脚与头相贴(图2-149、图2-150)。

图 2-149

图 2-150

5—6—7—8拍：双手旁点地动作不变，由腰带动肩部、头部缓缓起来坐直，同时后小腿绷脚缓缓落下伸直(图 2-151、图 2-152)。

图 2-151

图 2-152

（8）(10—8)拍

1—2—3—4拍：双手旁点地，头带着颈、肩、腰依次缓缓向后下，同时后腿弯膝盖绷脚翘起小腿，脚与头相贴（图 2-153）。

图 2-153

5—6—7—8拍：双手旁点地动作不变，由腰带动肩部、头部缓缓起来坐直，同时后小腿绷脚缓缓落下伸直（图 2-154、图 2-155）。

图 2-154

图 2-155

(9)(11—8)拍

1—2—3—4拍:双手从旁点地位经过旁平位,向旁斜上方缓缓升起停至正上方摆住造型;做此动作时要头带着颈、肩、腰依次缓缓向后下,同时后腿弯膝盖绷脚翘起小腿,脚与头相贴(图2-156、图2-157)。

图 2-156

图 2-157

5—6—7—8拍:双手从正上位经过旁平位,向旁斜下方缓缓落下停住,摆旁按掌造型。做此动作时要腰带着肩、肩带着头依次缓缓起来坐直(图2-158)。

图 2-158

同时后小腿绷脚缓缓落下伸直(图 2-159、图 2-160)。

图 2-159

图 2-160

(10)(12—8)拍

1—2—3—4拍：双手从旁点地位经过旁平位，向旁斜上方缓缓升起停至正上方摆住造型；做此动作时要头带着颈、肩、腰依次缓缓向后下，同时后腿弯膝盖绷脚翘起小腿，脚与头相贴（图2-161、图2-162）。

图 2-161

图 2-162

5—6—7—8拍：双手从正上位经过旁平位，向旁斜下方缓缓落下停住，摆旁按掌造型；做此动作时要腰带着肩、肩带着头依次缓缓起来坐直（图2-163）。

图 2-163

第二章 肢体开发与舞蹈基础训练

同时后小腿绷脚缓缓落下伸直(图 2-164、图 2-165)。

图 2-164

图 2-165

(11)(13—8)拍

1—2—3—4 拍:双臂屈臂于胸前,手腕相对,手心背向,指尖向下;同时胯根重心移至于弯曲前腿这边,后腿弯膝收回(图 2-166、图 2-167)。

图 2-166

图 2-167

5—6—7—8 拍：双手手腕相对，手心相对，指尖向上；双腿跪坐，收式（图 2-168）。

图 2-168

4. 音乐曲谱

萤火虫

作曲 陈大力 陈秀男

$1=C \ \frac{4}{4}$

$\begin{Vmatrix} \dot{1}. & \underline{\dot{1}\ \dot{2}\dot{1}\ 76} & | & 5. & \underline{4\ 3.} & 1 & | & \dot{1}. & \underline{7\ \dot{2}\dot{1}\ 76} & | & 7 & \dot{2} & \dot{1}. & \underline{7\dot{1}} & | \\ 0\ 0\ 0\ 0 & | & 0\ 0\ 0\ 0 & | & 0\ 0\ 0\ 0 & | & 0\ 0\ 0\ 0 & | \end{Vmatrix}$

第二章 肢体开发与舞蹈基础训练

《萤火虫》是一首由童谣改编的抒情歌曲,乐曲为 C 大调,4/4 拍,广板。悠扬的旋律,二度音程的下行进行,把"萤火虫"一闪一闪的美景充分地表现出来,同时广板的速度,又向我们展示了夏天夜晚宁静祥和的生活场景,八度音阶的下行进行,既展现了萤火虫的灵动之感,又将小朋友们在这样安静的夜晚慢慢入睡的情景展现出来。伴奏可以选用分解和弦琶音的方式进行。

(四)髋关节训练组合

1. 训练目的

训练两腿髋关节侧韧带的拉伸,为横叉动作打下基础。

2. 动作规格与要领

(1)规格:做髋关节动作时要注意两只脚相对贴紧,髋关节打开,两腿外侧紧贴地面。

(2)要领:做动作时髋关节要放松,腿部外侧与脚面要紧贴地面,向下俯身时注意胯根不能上翘,要向地面打开并保持后背平直。

3. 组合分解动作示范

(1)准备拍:(5—6—7—8)拍:双腿弯膝,双脚相对一位,小胯打开,上身直立坐好,双手插腰准备(图 2-169)。

图 2-169

(2)(1—8)拍

1—2—3—4 拍:保持一位,小胯坐姿不变,双手屈臂弯肘于胸前,大臂小臂端平(图 2-170)。

图 2-170

5—6—7—8 拍:小臂伸直打开至身体两侧旁斜下方(图 2-171)。

图 2-171

(3)(2—8)拍

1—2—3—4 拍:双手从旁斜下方经过旁平位缓缓升起到旁斜上方(图 2-172、图 2-173)。

图 2-172

图 2-173

5—6—7—8 拍：双手从旁斜上方经过旁平位缓缓落下到旁斜下方（图 2-174、图 2-175）。

图 2-174

图 2-175

(4)(3—8)拍

1—2 拍：左手扶在左膝处，右手屈臂弯肘从里向外划一圈，屈臂于右侧，掌心对向正上方（图 2-176）。

图 2-176

3—4 拍:右手造型摆住不动,左手屈臂弯肘从里向外划一圈,屈臂于左侧,掌心对向正上方(图 2-177)。

图 2-177

5—6—7—8 拍:双手屈臂于胸前,手腕相贴,手心相对,指尖向上(图 2-178)。

图 2-178

(5)(4—8)拍

1—2拍:双手推向头上方(图2-179)。

图 2-179

3—4拍:双手从上经过旁平位打开到旁斜下方(图2-180)。

图 2-180

5—6拍:双手从斜下方经过旁平位停至头上方,手臂变为圆形造型(图2-181)。

图 2-181

7—8拍:双手从上经过胸前落下,双手抓住双脚(图2-182)。

图 2-182

(6)(5—8)拍

1—2—3—4拍:小胯保持不变,上身向下俯身下去(图2-183、图2-184)。

图 2-183

图 2-184

5—6—7—8拍:上身坐直起来(图2-185)。

图 2-185

(7)(6—8)拍

1—2—3—4拍:小胯保持不变,上身向下俯身下去(图2-186、图2-187)。

图 2-186

图 2-187

5—6—7—8拍:上身坐直起来(图2-188)。

图 2-188

(8)(7—8)拍

1—2—3—4拍:小胯保持不变,上身向下俯身下去(图2-189、图2-190)。

图 2-189

图 2-190

5—6—7—8 拍:上身坐直起来(图 2-191)。

图 2-191

(9)(8—8)拍
1—2—3—4 拍:小胯保持不变,上身向下俯身下去(图 2-192、图 2-193)。

图 2-192

图 2-193

5—6—7—8 拍:双手从身体两侧打开,经旁平位升至头上方(图 2-194 至图 2-197)。

图 2-194

图 2-195

图 2-196

图 2-197

(10)(9—8)拍

1—2—3—4拍:小胯保持不变,双手夹头,胳膊伸直,上身向下俯身下去(图 2-198 至图 2-200)。

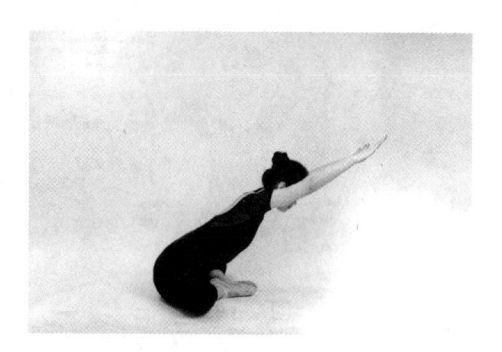

图 2-198

图 2-199

图 2-200

5—6—7—8 拍：双手夹头，胳膊伸直带动上身坐直（图 2-201）。

图 2-201

(11)(10—8)拍

1—2—3—4 拍：小胯保持不变，双手夹头，胳膊伸直，上身向下俯身下去（图 2-202 至图 2-204）。

图 2-202

图 2-203

图 2-204

5—6—7—8 拍：保持造型不动，收。

4. 音乐曲谱

种瓜

作曲 刘天浪

$1=C\ \frac{2}{4}$

| 5 3 | 5 5 3 | 1̣ 1 3 | 2 — | 5 3 |

| 5 5 3 | 1̣ 1 3 | 2 — | 3 5 2 | 6̣ 1 2 |

| 2. 3 2 3 | 2 3 2 | 1 1 0 | 6̇ 6̇ 0 | 6̇. 6̇ 6̇ 3 | 5 — ‖

《种瓜》乐曲采用 C 大调,2/4 拍,中速。这是一首充满了童趣的儿童音乐,三度音程的进行方式,让旋律有一定的跳跃性,民族调式的音阶组合,更符合中国儿童的听觉习惯,八度之内的音域,使学龄前儿童演唱起来毫不费力。

二、中阶训练——中班教学

幼儿中班教学,在小班的基础上根据 4～5 岁幼儿骨骼、肌肉、心理发育特点,在低阶教学的基础上提升教学难度与能力广度。通过五大领域目标内容的渗透,使幼儿综合能力成螺旋式上升,并与日常生活动作紧密结合,使生活成为教学的第二课堂,课堂成为生活的艺术升华,不同空间与环境中不断重复,达到量的积累,从而发生质变。如:让孩子用舞蹈动作的连接,画出简单的图形,从而认识图形掌握画图技能;用舞蹈语汇模拟筷子吃饭,强化使用餐具的肌肉群能力,掌握用餐方式与礼仪;用舞剧形式呈现扣扣子过程,提高自我动手兴趣等。

(一)前压腿训练组合

1. 训练目的

训练幼儿腿部的韧带,提高幼儿的身体柔韧素质。

2. 动作规格与要领

(1)规格:双腿靠拢伸直,膝部紧贴地面,髋关节放正,上体从胯根部向前折叠。

(2)要领:脊椎尽量拉长,试着用腹部贴大腿面并保持后背平直。

3. 组合分解动作示范

(1)准备拍(5—6—7—8):双膝跪地,臀部坐在脚后跟上,上身直立坐好,做双手旁按掌位准备动作(图 2-205)。

图 2-205

(2)(1—8)拍

1—2—3—4 拍:保持双膝跪地坐姿不变,双手端平于胸前,做提压腕动作(图 2-206)。

图 2-206

5—6—7—8 拍:手臂延伸至旁斜上位(图 2-207)。

图 2-207

(3)(2—8)拍

1—2—3—4拍:保持双膝跪地坐姿不变,双手端平于胸前做提压腕动作(图2-208)。

图 2-208

5—6—7—8拍:手臂延伸至旁斜上位(图2-209)。

图 2-209

(4)(3—8)拍

1—2—3—4拍:保持双膝跪地坐姿不变,双手端平于胸前,做提压腕动作(图2-210)。

图 2-210

5—6—7—8拍：手臂经过下弧线画圆，延伸至旁斜上位(图2-211)。

图 2-211

(5)(4—8)拍

1—2—3—4拍：从跪坐换伸坐，双手点地，三位手准备(图2-212、图2-213)。

图 2-212

图 2-213

5—6—7—8拍:上身从胯根部向前折叠,后背拉长,双手抱住脚心(图2-214)。

图 2-214

(6)(5—8)拍

1—2—3—4拍:双腿屈膝,上身含胸,双臂弯曲,双手握住脚心(图2-215)。

图 2-215

(7)结束拍

5—6—7—8拍:双手点地,双腿伸坐于地面(图2-216)。

图 2-216

4. 音乐曲谱

小海军

1=D 2/4　　　　　　　　　　　　　　　　　　　作曲　柴本尧

5. 55 | 5. 55 | 5 5 5 5 6 | 5　5 | 1. 3 2 5 | 1　3 | 5. 5 5 6 |

5　- | 3. 3 6 | 5. 5 3 | 2. 2 2 3 | 2　- | 1. 3 2 5 | 1　3 |

5. 5 4 5 | 6　- | 5. 5 6 6 | 5. 5 3 | X　X | X　- | 6. 6 6 5 |

2　3 | 1　0 | 5. 5 5 6 | 5　- | 1. 3 2 5 | 1　0 ‖

《小海军》是一首 D 大调，2/4 拍进行曲式的乐曲。附点八分音符加十六分音符的组合形式，将一个神采奕奕的浑身上下透露着自豪之感的"小海军"形象准确地展现出来，同时，这种节奏型也让旋律充满了动力。大二度、小二度、大三度音程的交替使用，让旋律更加有力量之感，更加适合男孩子较多的学龄前儿童舞蹈使用。伴奏可选用柱式音形伴奏，在加强了乐曲节奏重音的同时，更好地诠释了音乐的力量感，让乐曲更具精气神。

(二)旁压腿训练组合

1. 训练目的

主要训练幼儿髋部和腰部，身体直立与拉伸的交替练习。

2. 动作规格与要领

(1)规格：双腿打开伸直，膝部紧贴地面，身体侧躺向脚尖方向下压。

(2)要领:两腿形成一条线,手臂从七位到四位交替进行,身体侧对脚尖方向压旁腿。

3. 组合分解动作示范

(1)准备拍5—6:双腿弯膝,双脚相对一位,小胯打开,上身直立坐好,双手握住脚尖。准备:如图2-217所示。

图 2-217

(2)准备拍7—8:左胳膊经过左旁平位伸向头上方。准备:如图2-218所示。

图 2-218

(3)(1—8)拍

1—2拍:身体向右侧下右旁腰,左手从上随身体划向右旁(图2-219)。

图 2-219

3—4拍:左胳膊经过左旁平位伸向头上方(图 2-220)。

图 2-220

5—6—7—8拍:重复一遍(1—2、3—4)拍动作(图 2-221、图 2-222)。

图 2-221

图 2-222

(4)(2—8)拍

1—2拍:双手臂经过下弧线环动肩部(图 2-223、图 2-224)。

图 2-223

图 2-224

3—4拍:双臂环动于肩部,双腿屈膝,身体面向二点方向(图2-225)。

图 2-225

5—6—7—8拍:在保持上身体态的同时,脚背下压小碎点步,换方向到八点方向(图2-226)。

图 2-226

(5)(3—8)拍

1—2拍:右胳膊经过右旁平位伸向头上方(图2-227)。

图 2-227

3—4拍:身体向左侧下左旁腰,右手从上随身体划向左旁(图2-228)。

图 2-228

(6)(4—8)拍

1—2拍:双手臂经过下弧线环动于肩部(图2-229)。

图 2-229

3—4拍:双臂环动于肩部,双腿屈膝,身体面向八点方向(图2-230)。

图 2-230

5—6—7—8拍:在保持上身体态的同时,脚背下压小碎点步,换方向到一点方向。坐地左右腿一字打开劈横叉,手位旁平(图 2-231)。

图 2-231

(7)(5—8)(6—8)拍

1—2拍:身体向右侧下右旁腰,左手从上随身体划向右旁(图 2-232)。

图 2-232

3—4拍:左胳膊经过左旁平位伸向头上方(图 2-233)。

图 2-233

5—6—7—8拍:重复两遍动作(图2-234、图2-235)。

图 2-234

图 2-235

(8)(7—8)(8—8)拍

1—2拍:身体向左侧下左旁腰,右手从上随身体划向左旁(图2-236)。

图 2-236

3—4 拍：身体向左侧下左旁腰，右手从上随身体划向左旁（图 2-237）。

图 2-237

(9) 5—6—7—8 结束拍

双腿弯膝，双脚相对一位，小胯打开，上身直立坐好，双手握住脚尖（图 2-238）。

图 2-238

4. 音乐曲谱

莫夸自己

$1=\flat B$ $\frac{2}{4}$

作曲　许春子

$5\ \underline{3\ 4}\ 5\ 6\ |\ \underline{5\ 5\ 6}\ \underline{5\ 3}\ |\ 5\ \dot{3}\ \underline{\dot{3}\ \dot{2}\dot{1}}\ |\ 5\ -\ |\ \underline{6\ 6}\ \underline{7\ \dot{1}}\ \dot{1}\ |\ \underline{\dot{2}\ \dot{1}}\ 7\ 6\ |$

$\underline{5\ 5\ 6}\ \underline{5\ 4}\ |\ 3\ -\ |\ 5\ \underline{3\ 4}\ 5\ 6\ |\ \underline{5\ 5\ 6}\ \underline{5\ 3}\ |\ 5\ \dot{3}\ \underline{\dot{3}\ \dot{2}\dot{1}}\ |\ \dot{2}\ -\ |$

$\dot{3}\ \underline{\dot{3}\ \dot{2}}\ \dot{1}\ \dot{3}\ |\ \underline{\dot{2}\ \dot{2}\dot{1}}\ 6\ \dot{1}\ |\ \underline{5\ 6}\ \underline{5\ 6}\ \underline{\dot{2}}\ |\ \dot{1}\ -\ \|$

《莫夸自己》是一首降 B 大调,2/4 拍的乐曲,四小结为一个乐句,总共四句,完整地呈现了起—承—转—合的音乐创作形式。固定的音乐节奏型的出现让乐曲拥有跳跃感,六度的音程跳进让乐曲更加活泼,上行的旋律线让乐曲充满了欢乐的情绪。伴奏可以采用半分解和弦跳音的形式,让欢乐的气氛更加突出。

(三)后腿压训练组合

1. 训练目的

上体后屈使幼儿的髋部、腰部和颈部充分得到训练。

2. 动作规格与要领

(1)规格:地面练习时后腿要伸直、外开。
(2)要领:双肩和髋关节要在一个平面上,上肢后屈。

3. 组合分解动作示范

(1)准备拍 5—6—7—8:双膝跪坐,双手为后背手,上身直立做好准备(图 2-239)。

图 2-239

(2)(1—8)拍

1—2 拍:双膝跪坐,一只手为后背手,另一只手点指,指向八点位方向,眼随手动(图 2-240)。

图 2-240

3—4拍:双膝跪坐,一只手为后背手,另一只手点指,指向二点位方向,眼随手动(图 2-241)。

图 2-241

5—6—7—8拍:双手为后背手,上身保持直立坐好。右倾头、左倾头各一次(图 2-242 至图 2-244)。

图 2-242

图 2-243

图 2-244

(3)(2—8)拍

(1—8)拍动作重复一遍。

(4)(3—8)拍

1—2—3—4拍:双膝跪坐,双手为后背手,上身含胸(图 2-245)。

图 2-245

5—6—7—8拍:双膝跪坐,双手为后背手,上身直立(图2-246)。

图 2-246

(5)(4—8)拍

(3—8)拍动作重复一遍。

(6)(5—8)拍

1—2—3—4拍:双手至旁斜下方摆住造型(图2-247)。

图 2-247

5—6—7—8拍:双手从斜下方经过旁平位,缓缓升起至旁斜上方摆住造型(图2-248)。

图 2-248

(7)(6—8)拍

反方向,(5—8)拍动作再重复一次(图 2-249、图 2-250)。

图 2-249

图 2-250

(8)5—6—7—8 结束拍

双膝跪坐,双手后背手,上身直立(图 2-251)。

图 2-251

4. 音乐曲谱

来了一群小鸭子

1=F 2/4

作曲 刘明将

| 1 3 5 3 | 1 3 5 3 | 5 54 3 1 | 5 54 3 1 | 5 5 6 1 | 3 0 2 0 | 1 0 5 5 |

| 5 0 54 32 | 1 1 | 5 3 3 | 4 5 3 | 2 1 7 6 | 5 - |

| 5 3 3 | 4 5 3 | 2 1 7 1 | 2 - | 3 3 1 | 7 7 5 |

| 6 7 1 2 | 3 - | 6 6 4 | 5 5 2 | 7 5 6 7 | 1 - |

| 5 5 5 | 3 3 3 | 4 4 4 | 2 2 2 | 7 5 6 1 | 3 0 2 0 | 1 0 ‖

《来了一群小鸭子》乐曲为 F 大调，2/4 拍进行曲式，情绪要求活泼。乐曲第一小节就选用六度跳进的方式展开，将"摇摇摆摆"的小鸭子生动地表现出来，五度以内音节的上下行进行，使音乐有起伏感，好像池塘中水流的运动，让音乐的画面感更强。

(四)髋关节训练组合

1. 训练目的

练习小胯或大胯都是为了解决幼儿髋关节的灵活性问题，髋关节犹如双腿的轴心，只要有腿部动作，髋关节就会发挥重要的作用来支配双腿。

2. 动作规格与要领

(1)规格:身体保持直立坐地,两胯打开,两膝尽量贴地,两脚心相对。

(2)要领:双手抱住脚尖的同时,双膝跟着节奏轻轻向下打地。

3. 组合分解动作示范

(1)准备拍 5—6—7—8:双腿弯膝,双脚相对一位,小胯打开,上身直立坐好,双手握住脚尖。准备:如图 2-252 所示。

图 2-252

(2)(1—8)拍

1—2—3—4 拍:一拍一动,跟着音乐节拍双膝向下打地(图 2-253)。

图 2-253

5—6拍:身体向前俯身,胯根下压,后背脊椎骨拉长(图2-254)。

图 2-254

7—8拍:姿态还原,身体直立,双手握住脚尖(图2-255)。

图 2-255

(3)(2—8)拍

5—6拍、7—8拍动作再重复一遍(图2-256、图2-257)。

图 2-256

第二章　肢体开发与舞蹈基础训练

图 2-257

(4)(3—8)拍
1—2—3—4拍：上身含胸，上身不要向后躺(图2-258)。

图 2-258

5—6—7—8拍：姿态还原，身体直立，双手握住脚尖(图2-259)。

图 2-259

(5)(4—8)拍

(3—8)拍动作再重复一遍(图 2-258、图 2-259)。

4. 音乐曲谱

碰碰歌

1=C 4/4

中板　　　　　　　　　　　　　　　　　　　　　　　　　作曲 佚名

5 5 5 5 3 4 5 | 5 1 7 6 5 - | 5 5 5 5 1 5 | 4 3 2 - |

5 5 5 5 3 4 5 | 1 7 1 6 - | 5 5 5 5 1 54 | 3 2 1 - ‖

《碰碰歌》乐曲为 C 大调,4/4 拍,中速。平均的八分音符组合强调节拍重音,纯五的音程进行,让旋律更加和谐,中速(72～96)拍的速度更适合学龄前儿童的生理特点。柱式音型伴奏突出节奏,让学龄前儿童能更好地掌握节奏。

三、高阶训练——大班教学

幼儿园大班教学是在中阶教学基础上根据 5～6 岁幼儿自我认知意识增强、审美需求萌发、肢体柔韧度、力度、控制能力增强等发育特质,将"美"融入贯穿到整个课堂,由此激发幼儿的表现欲望,并以幼儿为中心,发挥其主体性,合理把握好幼儿的心理特质,满足幼儿自我意识需求。比如:《大头儿子》是一首耳熟能详的儿歌,幼儿能边跳边唱,在唱词的引导下树立"内在美"的价值观;而《火车呜呜叫》,使幼儿通过模仿开火车的肢体语言,认知火车司机"劳动最光荣"的内在美,从而达到如盐化水、以舞育人的教育目的。同时在"美"的教学中增强幼儿的学习兴趣与获得感。

(一)前压腿训练组合

1. 训练目的

训练腿部的柔韧性,拉长韧带。

第二章　肢体开发与舞蹈基础训练

2. 动作规格与要领

(1)规格:正步位绷脚伸坐,双腿膝关节靠拢贴地,上体从胯根部向前折叠,双手轻轻向前延伸,肩膀放松。

(2)要领:俯身前压腿时腹部与大腿面贴靠,脊椎尽量拉长。

3. 组合分解动作示范

(1)准备拍5—6—7—8:双腿伸坐,双手为旁按掌位。准备:如图 2-260 所示。

图 2-260

(2)(1—8)拍

1—2 拍:保持上身姿态,双手击掌于胸前(图 2-261)。

图 2-261

3—4 拍:上身与腿折叠,身体下压的同时左手拍右脚,右手为旁平位(图 2-262)。

图 2-262

5—6 拍：保持上身姿态，双手击掌于胸前（图 2-263）。

图 2-263

7—8 拍：上身与腿折叠，身体下压的同时右手拍左脚，左手为旁平位（图 2-264）。

图 2-264

(3)(2—8)拍

1—2拍:保持上身姿态,双手击掌于胸前(图2-265)。

图 2-265

3—4拍:双腿伸坐,双臂夹头,胳膊伸直,上身向下俯身下压(图2-266)。

图 2-266

5—6—7—8拍:上身缓缓抬起,双手旁按掌位(图2-267)。

图 2-267

(4)(3—8)(4—8)拍

(1—8)(2—8)拍动作重复一遍(图 2-268 至图 2-274)。

图 2-268

图 2-269

图 2-270

第二章　肢体开发与舞蹈基础训练

图 2-271

图 2-272

图 2-273

图 2-274

(5)(5—8)拍

1—2—3—4 拍:保持直立,上身含胸,右膝盖屈膝,双手抱住右脚心(图 2-275)。

图 2-275

5—6—7—8 拍:双手将右腿抱于头顶正上方位(图 2-276)。

图 2-276

(6)(6—8)拍

1—2—3—4—5—6—7—8拍:双手松开手呈旁按掌位,右脚脚背绷紧,腿从胯根处转开,脚缓缓落下(图 2-277)。

图 2-277

(7)(7—8)(8—8)拍

反方向动作重复一遍(图 2-278 至图 2-280)。

图 2-278

图 2-279

图 2-280

(8) 5—6—7—8 结束拍

还原旁按掌位,双腿伸坐(图2-281)。

图 2-281

4. 音乐曲谱

大头儿子和小头爸爸

作曲 佚名

1=D 2/4

| 0 7i 76 | 54 32 | 1 23 567i | i 5 i | 5 6 | 53 3 | 6 1 3 |

| 2 - | 02 3 | 27 5 | 43. | 1 - | 1 0 |

```
6  6 5 | 4   1  | 1 6.  | 5  -  | 3   3 2 | 1   5  |

5 3   1 | 2  -  | 1.   6 | 1 4 6 | 7.  7 7 5 | 6   3  |

5. 6 5 6 | 5 4 3 1 | 2 5.    | 3   1 | 5. 6 5 6 | 5 4 3 1 |

2 5.   | 3  1 | 2 5.    | 1  - | 1  - | 1  5 | 1  - ‖
```

这是一首学龄前儿童动画片的主题曲，D 大调，2/4 拍。切分节奏（强调动律感）和附点音型（有推动性）的交替使用，让音乐显得欢快活泼。多变的音程组合（大三度、纯四度、大六度），加强了音乐的戏剧性，让音乐更加丰富多彩。伴奏选用半分解和弦进行，突出节拍重音。

（二）旁压腿训练组合

1. 训练目的

主要训练幼儿髋关节的外开与拉伸，提高幼儿的身体柔韧能力。

2. 动作规格与要领

（1）规格：在髋关节坐正的基础上，双腿伸直紧贴地面，绷脚背对天花板。

（2）要领：腿部平直，立腰拔背，髋部外开，身体侧压。

3. 组合分解动作示范

（1）准备拍 5—6：身体直立，双手为旁按掌位，双脚并步位准备（图 2-282）。

图 2-282

(2)准备拍7—8:身体保持直立,双手为旁按掌位,双腿依次跪地,先右后左,准备(图 2-283、图 2-284)。

图 2-283 　　　　　　　　图 2-284

(3)(1—8)拍

1—2 拍：上身保持直立，双手为旁按掌位，面向右旁拧腰（图 2-285）。

3—4 拍：上身保持直立，双手为旁按掌位，面向左旁拧腰（图 2-286）。

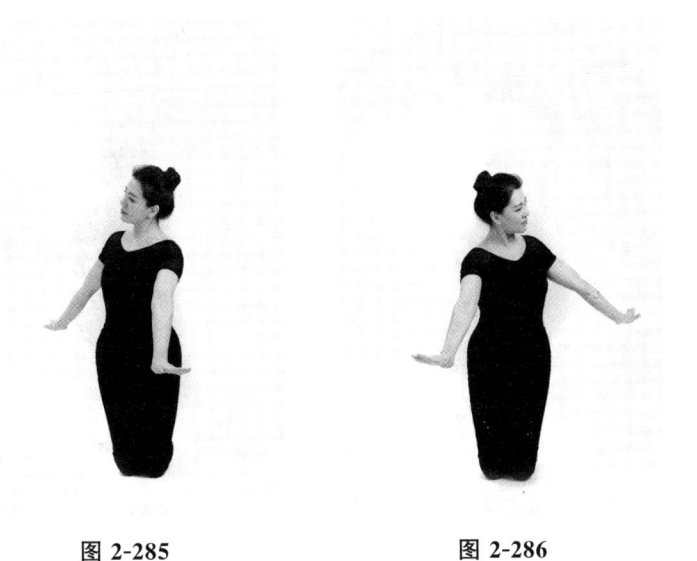

图 2-285　　　　　　　图 2-286

5—6 拍：上身保持直立，双手为旁按掌位，面向右旁拧腰（图 2-287）。

7—8 拍：身体保持直立，双手为旁按掌位，双膝跪地（图 2-288）。

图 2-287 　　　　　　　图 2-288

(4)(2—8)拍

反方向再做一遍,动作和节拍相同(图2-289至图2-292)。

图 2-289

图 2-290

图 2-291

图 2-292

(5)(3—8)拍

1—2—3—4—5—6—7—8拍:从跪坐换坐地横叉,从双手斜下位到旁平位(图2-293至图2-295)。

图 2-293

图 2-294

图 2-295

(6)(4—8)拍

1—2—3—4—5—6—7—8拍:保持横叉,上身向前俯身,前四拍下旁腰,后四拍立起(图2-296、图2-297)。

图 2-296

图 2-297

(7)(5—8)(6—8)拍

左旁下腰,两拍一次,做四次(图2-298、图2-299)。

图 2-298

图 2-299

(8)(7—8)(8—8)拍

右旁下腰,两拍一次,做四次(图 2-300、图 2-301)。

图 2-300

图 2-301

(9) 5—6—7—8 结束拍

上身保持直立,双手为旁平位(图 2-302)。

图 2-302

4. 音乐曲谱

芦笛

$1=F$ $\frac{2}{4}$　　　　　　　　　　　　　　　　　波兰歌曲

| 1. 1 1 3 | 5 5 5 3 | 4. 4 4 3 | 2 — | 5. 5 7 2 |

| 5　4 | 3. 3 3 2 | 1 0 0 | 5 5 5 3 | 2. 6 2 4 |

| 6 — | 2. 3 4 3 | 2　6 | 5. 4 3 2 | 1 0 0 ‖

《芦笛》乐曲为 F 大调,2/4 拍进行曲式,情绪要求轻快。每小结一个节拍重音,速度稍快,情绪活泼欢快。乐曲以二度音程激进为主,使乐曲体现活泼欢乐的情绪特点,小三度音程与大三度音程的跳跃进行,进一步加大了乐曲的欢快情绪。八分音符加附点四分音符节奏的交替运用,使乐曲的动律感更强烈,进一步推动了音乐的律动效果。跳音与连音的组合使用,既使乐曲有一定的跳跃感,又不失其旋律的连贯性。

（三）后腿压训练组合

1. 训练目的

通过跪下腰动作,幼儿在缓慢地从立身到跪下腰动作的训练中掌握身体的平衡性和腰部的柔韧性的结合。

2. 动作规格与要领

(1)规格:压后腿要伸直外开,脚背不能直接冲下,而是从髋关节一直到脚背处都要保持外旋转开。

(2)要领:两个肩关节和髋关节要保持在同一个平面,腰背立直拉长向后压。

3. 组合分解动作示范

(1)准备拍5—6—7—8:双腿跪地,双手呈斜下位准备(图2-303)。

图 2-303

(2)(1—8)拍

1—2—3—4拍:双膝跪地,上身含胸低头,双手交叉抱肩(图2-304)。

图 2-304

5—6—7—8 拍:后背立起,双手为斜下位(图 2-305)。

图 2-305

(3)(2—8)拍

1—2—3—4 拍:双手为斜下位,头带着颈、肩、腰依次缓缓向后下,右腿后伸(图 2-306)。

图 2-306

5—6—7—8拍：双手旁点地动作不变，由腰带动肩部、头部缓缓挺起来坐直(图2-307)。

图 2-307

(4)(3—8)(4—8)拍

(1—8)(2—8)拍动作再重复一遍(图2-308至图2-311)。

图 2-308

图 2-309

图 2-310

图 2-311

(5)(5—8)拍

1—2—3—4—5—6—7—8拍：双膝跪地，双手为斜下位，身体从右斜前起涮胸腰环动一周，经过右旁胸腰、后胸腰、左旁胸腰再到下前腰，每个方向两拍。

(6)(6—8)拍

把(5—8)拍动作反方向再做一遍（图2-312至图2-315）。

图 2-312

图 2-313

图 2-314

图 2-315

(7)(7—8)拍

1—2—3—4 拍:双手叉腰,双膝打开,身体直立(图 2-316)。

图 2-316

5—6—7—8 拍:双手叉腰,双膝打开,下后腰(图 2-317)。

图 2-317

(8)(8—8)拍
1—2—3—4 拍:保持上身直立姿态(图 2-318)。

图 2-318

5—6—7—8拍:还原跪坐立身,收(图2-319)。

图 2-319

4. 音乐曲谱

钻山洞

作曲 温凤平

$1=\text{C} \dfrac{2}{4}$

$\underline{5\ 0}\ \underline{6\ 0}\ |\ 5\ \underline{3\ 4}\ |\ \underline{5\ \dot{1}}\ \underline{7\ 6}\ |\ 5\ -\ |\ \underline{5\ 0}\ \underline{6\ 0}\ |\ 5\ \underline{3\ 4}\ |\ \underline{6\ 5}\ \underline{4\ 3}\ |$

$2\ -\ |\ 1\ 4\ |\ 4.\ \underline{6}\ |\ \underline{5.\ 6}\ \underline{5\ 4}\ |\ 3\ -\ |\ \underline{5\ 5}\ \underline{5\ \dot{1}}\ |\ \underline{5\ 4}\ 3\ |$

$2\ 5\ |\ 1\ -\ |\ \underline{5\ 5}\ \underline{5\ \dot{1}}\ |\ \underline{5\ 4}\ 3\ |\ 5\ 6\ |\ \dot{1}\ -\ |\ \underline{\text{x}\ \text{x}}\ 0\ \|$

《钻山洞》是一首 C 大调,2/4 拍乐曲,节拍重音在每小结第一拍,乐曲中穿插使用大二度、小三度、纯四度等不同的音程关系,使得音乐旋律的变化性加大,附点节奏的运用让音乐起伏性增多,使乐曲所表现的形象更加多样化,趣味性与戏剧性兼而有之。变化多样的旋律、活泼欢快的节奏,小快板的速度让音乐的童趣性进一步加大。

(四)髋关节训练组合

1. 训练目的

幼儿的髋关节非常重要,它是双腿的轴心,只有解决了髋关节的灵活性,才能更好地运用和开发腿部的舞蹈动作。

2. 动作规格与要领

(1)规格:身体保持直立,两胯打开两膝贴地,两脚心相对。
(2)要领:双脚相对的同时,双手保持舞姿动作,双膝随着节奏有规律地向下打地。

3. 组合分解动作示范

(1)准备拍 5—6—7—8:双腿弯膝,双脚相对一位,小胯打开,上身直立坐好,双手握好"方向盘",准备(图 2-320)。

图 2-320

(2)(1—8)拍
1—2 拍:身体保持坐立,右倾头(图 2-321)。

第二章　肢体开发与舞蹈基础训练

图 2-321

3—4 拍：身体保持坐立，左倾头（图 2-322）。

图 2-322

5—6—7—8 拍：双臂向前延伸，双腿从屈膝到伸坐环动，再从伸坐到屈膝，这个过程好似火车车轮联动同步运转，动作为两拍一动（图 2-323 至图 2-325）。

图 2-323

图 2-324

图 2-325

(3)(2—8)拍

动作与节奏相同,重复一遍(1—8)拍动作(图 2-326 至图 2-330)。

图 2-326

图 2-327

图 2-328

图 2-329

图 2-330

(4)(3—8)(4—8)拍

动作与节奏相同,再重复(1—8)拍动作两遍(图 2-331 至图 2-335)。

图 2-331

图 2-332

第二章　肢体开发与舞蹈基础训练

图 2-333

图 2-334

图 2-335

(5)结束拍

还原舞姿,双腿屈膝,后背直立(图 2-336)

图 2-336

4. 音乐曲谱

火车呜呜叫

作曲 佚名

1=C 2/4

5 5. | 5̇ 5̇. | 1 5 | 5̣ 5 | 1 5 | 5̣ 5 |

1 5̣ 5 | 1 5̣ 5 | 5 3 3 | 5 3 3 | 5 5 6 5 | 4 - |

4 2 2 | 4 2 2 | 5 5 4 2 | 3 - | 5 5 6 6 | 5 5 3 |

2 1 2 3 | 5 - | 5 5 6 6 | 5 5 3 | 2 4 3 2 | 1 - ‖

《火车呜呜叫》乐曲为 C 大调,2/4 拍,速度稍快。用连续的八分音符,激进的音程关系的乐音组成旋律,平均的八分音符的乐曲所表现的"火车"让学龄前儿童仿佛真的置身于行驶的火车之上,充满了期待的情感,期待着火车将自己带到梦想的目的地,完成一次梦寐以求的旅行。伴奏可以选用半分解和弦形式进行,进一步强调音乐的节奏重音。

第三章 五大领域概念训练

在幼儿园一日常规生活中,孩子们每天都依据作息时间表进行规律生活。但随着年龄不断增长,儿童的学习能力与发展水平会从量变到质变变化发展,因此,根据幼儿的年龄与发展水平,我们会通过创设一些教育情境,结合生活中所含的五大领域的目标内容,为孩子们提供持续不断进行自我挑战的机会,可以说,五大领域的目标内容贯穿于3~6岁幼儿的学习与生活的整个阶段。

幼儿园五大领域的目标群渗透在每个年龄段幼儿的一日生活中,根据教育教学的目标侧重点和目标深入程度不同,教育教学活动内容也不同。我们以健康领域中动作发展为例,幼儿动作发展的群目标中要求幼儿手的动作灵活协调,那么针对不同年龄段的幼儿,需要给幼儿输入的领域知识概念将以幼儿能接受的儿歌、手指操或者舞蹈动作表演的形式进行灌输,让幼儿通过身体动作的学习,完成需要学习的生活常识以及文化理论知识,培养幼儿对领域知识舞蹈动作产生兴趣,这部分动作的训练要使幼儿感到亲切、易学。所以选择的题材应主题鲜明,并富有儿童情趣与教育意义。素材应主要从幼儿的生活中去寻找,实施中通过简单的歌词融入,启发幼儿对"景"的理解。在舞蹈的歌词的选择上要短,段落也要少,既要顺口还要易记。内容上单纯且集中一点,最好能引起幼儿对生活中有相关形象的联想。

第一节 低阶训练——小班教学

对小班幼儿来说,因为年龄小,手的发育还不够灵活,小肌肉群的发展也不够好。因此,锻炼孩子手部的小肌肉群和精细动作的发展就成为教学重点。如让孩子多进行涂鸦图画练习,熟练用勺子,练习折叠衣服、用剪刀剪纸等。而这些练习都是渗透在舞蹈动作中进行教授的,而非填鸭式的教学。

3～4岁幼儿一般比较容易接受连续重复动作,动作变化一般应在段落之间进行,偶尔也可以在乐句之间进行。幼儿动作能力的发展是有限的,应尽量先从简单、不移动的大肌肉的分解动作入手,也可以学习手腕、手指、脚腕、眼睛、肩膀、膝盖等部位比较精细的动作。

一、《过马路》组合

(一)儿歌歌谣

过马路,要注意。
红灯停,绿灯行。
左看看,右看看。
牵着手,一起走。
安全知识记心中。

(二)动作要领

相对于小班来讲这组动作难度不大,主要通过儿歌的说唱,熟记肢体动作,而这几个单一的舞蹈动作着重训练幼儿认识自己的身体方位,以及教室的方位。此组动作主要让幼儿认识以下几个方位:(1)自身方位(正前方、前平位、左斜前方、右斜前方、旁斜下方、旁斜上方);(2)教室方位(1点、2点、3点、7点)。

(三)领域知识

(1)健康领域:通过本首儿歌让幼儿建立初步的交通安全意识,懂得如何保护自己。

(2)语言领域:学念本首儿歌,让幼儿理解儿歌大意。对年龄偏大的幼儿可以让他们把跟随老师学念的儿歌改为背诵儿歌,锻炼幼儿的口语表达能力。

(3)社会领域:让幼儿有规则意识,能够理解并逐步遵守生活中基本的一些社会行为规则。

(4)科学领域:能使用感官(眼睛看)去观察生活中的事物,培养幼儿善于发现与观察的习惯。

(5)艺术领域:通过红绿灯延伸到让幼儿认识三原色,并了解其配色,如红+黄=橙色;红+蓝=紫色;蓝+黄=绿色;红+黄+蓝=黑色。

(四)组合设计意图

学习简短的儿歌,通过学念激发幼儿的兴趣,引起身体动作的表现欲望,通过动作与歌谣所表达出的意境让幼儿熟记简单的生活常识概念,既完成舞蹈动作的学习还可以掌握社会知识,同样也锻炼了幼儿的口语表达能力与艺术表现力。

(五)组合分解动作示范

准备拍(5—6—7—8):双腿弯膝盘坐于地面,双手插腰(图3-1)。

图 3-1

第一句:过马路,要注意。

动作分解:右手插腰动作不变,左手掌型从插腰手直接平移至按掌位。左手停在按掌位,右手从插腰手平移至按掌位与左手平行一上一下(图3-2)。

图 3-2

左手快速从右上方落至右手前方,与右手平行。
双手肘关节伸直前平位,手心在上摊手(图 3-3 至图 3-5)。

图 3-3

图 3-4

图 3-5

第二句:红灯停,绿灯行。

动作分解:右手屈臂弯肘将小臂弯回向上,左手屈臂平移向里侧弯回,左手放于右胳膊肘处(图 3-6)。

双手同时伸直向前平位手摊出(图 3-7)。

图 3-6

图 3-7

第三句：左看看，右看看。

动作分解：上身转向左侧，面对8点方向双手屈臂于脸颊前，双手呈空心拳状放于眼前。上身转向右侧，面对2点方向双手屈臂于脸颊前，双手呈空心拳放于眼前(图3-8、图3-9)。

图 3-8

图 3-9

第四句：牵着手，一起走。

动作分解：上身转向1点方向，左手屈臂弯肘落下，手心在上放于胃前，右手屈臂弯肘将手搭于左手上方(图3-10、图3-11)。

图 3-10

图 3-11

第五句:安全知识记心中。
动作分解:双手经过下腹部时打开到身体两侧旁斜下方(图 3-12)。

图 3-12

双手从旁斜下方经过旁平位停在旁斜上方(图 3-13)。

图 3-13

二、《小牙刷》组合

(一)儿歌歌谣

小牙刷,手中拿。
上刷刷,下刷刷。
左刷刷,右刷刷。
里里外外都刷刷。
刷得牙齿白花花。

(二)动作要领

本组动作主要是通过手臂的训练,让幼儿熟记刷牙的歌谣,而这组舞蹈动作着重训练幼儿认识方位。通过刷牙的顺序,让小班幼儿有简单的逻辑概念,如通过手拿牙刷的位置、小臂与大臂的屈臂距离认识描述方位;用两只手食指在嘴上方的位置上刷牙时锻炼幼儿的手臂平衡能力;用两只手食指在嘴下方的位置下刷牙时锻炼幼儿的手臂上下移动的控制能力;里刷与外刷时双手臂端平左右手,上下左右的协调能力等。

(三)领域知识

(1)健康领域:通过此儿歌让幼儿知道身体健康的重要性,以及学会如何刷牙和保护牙齿,从而让幼儿形成一种良好的生活习惯。

第三章　五大领域概念训练

(2)语言领域:让幼儿初步学念本首儿歌,逐句理解儿歌内容,并可以大胆站在集体面前表演。

(3)社会领域:让幼儿乐意分享自己是如何刷牙的,认识刷牙工具,从而培养幼儿努力做好力所能及的事和不怕困难的意志。

(4)科学领域:通过本首儿歌让幼儿初步感知方位,如在自己脸颊前利用小臂动作熟悉上下左右的方位。

(5)艺术领域:鼓励幼儿根据儿歌内容大胆表现动作,并勇于分享给同伴。

(四)组合设计意图

学习刷牙歌谣,激发幼儿对刷牙的兴趣,鼓励幼儿说出或做出动作的表现欲望,通过动作与歌谣所表达出的刷牙意境让幼儿熟记简单的刷牙动作概念,既完成舞蹈动作的学习还可以掌握刷牙的基本技能,同样也锻炼了幼儿手臂的肌肉能力,提高了动作的艺术表现力。

(五)组合分解动作示范

准备拍(5—6—7—8):双腿弯膝盘坐于地面,双手插腰(图3-14)。

图 3-14

第一句:小牙刷,手中拿。

动作分解:左手插腰,右手屈臂弯肘,指尖向上,大臂与右肩齐平(图 3-15)。

图 3-15

右手动作不变,左手屈臂弯肘于胸前,手心向上(图 3-16)。

图 3-16

第二句:上刷刷,下刷刷。

动作分解:双臂屈臂弯肘,大臂与肩平直,手腕上提式握拳,双手食指于嘴上方相对。双臂屈臂弯肘,大臂与肩平直,手腕上提式握拳,双手食指于嘴下方相对(图 3-17、图 3-18)。

第三句:左刷刷,右刷刷。

动作分解:双手从嘴角前移向左侧,左手屈臂弯肘时指尖向上,大臂与左肩齐平,右手屈臂弯肘时手指尖向上,手放在左小臂旁(图 3-19)。

第三章　五大领域概念训练

图 3-17

图 3-18

图 3-19

双手臂上下换位置一次。

双手从左移向右侧,右手屈臂弯肘,指尖向上,大臂与右肩齐平,左手屈臂弯肘手指尖向上,手放在右小臂旁(图3-20)。

图 3-20

双手臂上下换位置一次(图3-21)。

图 3-21

第四句:里里外外都刷刷。

动作分解:双手从右落至胸前,双臂端平,左手在外,右手在里(图3-22)。

图 3-22

左右手里外换一次位置(图 3-23)。

图 3-23

第五句:刷的牙齿白花花。

动作分解:双臂屈臂弯肘,大臂与肩平直,手腕上提,手指尖相对放至下巴处(图 3-24)。

图 3-24

第二节　中阶训练——中班教学

　　4~5岁中班幼儿在小班的基础上手部肌肉的发展要灵活很多,当然在一日生活中,我们的目标难度要提升一点。如让孩子画出简单的图形,锻炼孩子用筷子吃饭,练习扣扣子,学习一些节日知识等。幼儿园五大领域目标内容的渗透,是一个螺旋式上升的过程,我们根据孩子的年龄特点和发展水平逐渐递增目标难度,让孩子在日常生活中不断重复,达到量的积累。幼儿在不断地重复和量的积累中,内在学习与发展水平逐渐地发生变化,最后发生质变。最终实现五大领域的教育目标,将理论知识渗透在舞蹈动作中,让幼儿怀着愉快的心情完成舞蹈动作,领会所要学会的知识点。

一、《国庆节》组合

(一)儿歌歌谣

十月一日国庆节。
升国旗,唱国歌。
普天同庆多欢喜。
向着国旗敬个礼。
祖国妈妈我爱你。

(二)动作要领

　　这组动作主要训练幼儿的大臂、小臂与手腕。通过这几个单一的身体动作,着重训练幼儿认识自己的手臂方位与准确的位置,动作主要锻炼幼儿认识与练习、熟悉掌握以下几个方位:(1)大臂(双臂斜上位、双臂前平位);(2)小臂(胸前位、头上位、嘴角位)。

(三)领域知识

(1)健康领域:通过此儿歌,延伸手臂游戏活动,锻炼幼儿伸、收、转的能力,从而体验解放军叔叔坚强的意志。

(2)语言领域:通过讲述儿歌内容,鼓励幼儿能够大胆、清楚地去表达自己的想法和感受,尝试简单描述,锻炼幼儿的语言表达能力。

(3)社会领域:通过儿歌内容,让幼儿了解我们的祖国,培养幼儿的爱国情怀。

(4)科学领域:通过儿歌,让幼儿有爱国情怀的同时,培养幼儿爱护地球的动物、植物,珍惜自然资源,养成环保意识。

(5)艺术领域:让幼儿根据儿歌内容,利用废旧物品和家长制作手工作品,同时增进亲子关系。

(四)组合设计意图

学习国庆节的儿歌,通过儿歌激发幼儿对于节日的兴趣,激发幼儿说出或做出动作的表现欲望,通过动作与儿歌所表达出的意境让幼儿熟记简单的节日(国庆节)的概念,既完成舞蹈动作的学习还可以通过动作体验解放军叔叔坚强的意志与爱国情怀知识,同样也锻炼了幼儿的口语表达能力与艺术表现力。

(五)组合分解动作示范

第一句:十月一日国庆节。

动作分解:双腿弯膝盘坐于地面,双手插腰(图 3-25 至图 3-28)。

图 3-25

图 3-26

图 3-27

图 3-28

第二句:升国旗,唱国歌。

动作分解:双手打开向上伸直在2点与8点斜上方(图3-29)。

图 3-29

双臂屈臂弯肘,双手虎口张开放在嘴角处,小臂与大臂和肩保持平行(图3-30)。

图 3-30

第三句:普天同庆多欢喜。

动作分解:双肘关节向下,大臂夹住两侧腰肌,小臂垂直,指尖向上,双手同时向里(脸颊方向)翻手腕(图3-31)。

图 3-31

翻至手心对脸颊后双手再转向外侧翻至手背对脸颊(图 3-32)。

图 3-32

第四句:向着国旗敬个礼。

动作分解:左手落至插腰手,右手提至额头上方呈敬礼姿势(图 3-33)。

图 3-33

第五句:祖国妈妈我爱你。

动作分解:左手向上伸至前平位,右手从上落下至前平位,双手指尖对着2点、8点方向(图3-34)。

图 3-34

双臂屈臂弯肘,双手从旁位经过向上弯肘时指尖点头尖,手臂呈圆弧状(图3-35)。

图 3-35

二、《十个手指》组合

(一)儿歌歌谣

一一点点,二二剪剪。
三三弯弯,四四叉叉。

五五一枝花,六六打电话。

七七捏捏,八八照相机。

九九勾勾,十十捶捶。

(二)动作要领

这组动作主要训练幼儿的十个手指头快速灵活的变化。通过这几个单一的手指动作,着重训练幼儿认识自己的手指及其相互配合,以及完成准确的位置动作,主要锻炼幼儿认识与练习、熟悉与掌握手指完成动作的几个含义:(1)食指相碰形成一字;(2)食指与中指完成剑指;(3)中指、无名指、小拇指完成弯三指;(4)交叉手完成扩指。

(三)领域知识

(1)健康领域:通过此儿歌,延伸手指游戏活动,锻炼幼儿食指、拇指、中指、无名指、小拇指灵活的能力,从而体验手带给人们的帮助。

(2)语言领域:通过讲述儿歌内容,让幼儿清楚地表达自己对手指认识的感受,尝试简单描述,锻炼幼儿语言表达能力。

(3)社会领域:通过儿歌内容,让幼儿了解手为我们的祖国建设付出了很多,培养幼儿的爱国情怀。

(4)科学领域:通过儿歌,让幼儿通过手指练习懂得珍惜生活,培养幼儿爱护地球与环境意识。

(5)艺术领域:让幼儿根据儿歌内容,用手指展现美的欲望,激发幼儿的自信心。

(四)组合设计意图

学习十个手指的儿歌,通过儿歌激发幼儿对于手指的兴趣,引起幼儿用双手做动作的表现欲望,通过动作与儿歌所表达出的意境让幼儿熟记简单的语句与手指的概念,既完成舞蹈动作的学习还可以通过手指动作体验双手带给人类的帮助,同样也锻炼幼儿的口语表达能力与艺术表现力。

(五)组合分解动作示范

准备拍(5—6—7—8):双腿弯膝盘坐于地面,双手插腰(图3-36)。

第三章 五大领域概念训练

图 3-36

第一句：一一点点。
动作分解：双臂屈臂于肩前，双手握拳，向上伸出食指（图 3-37）。

图 3-37

双手食指相对放于脸前（图 3-38）。

图 3-38

第二句:二二剪剪。

动作分解:双手分开,同时伸出食指与中指呈剪刀状(图3-39)。

图 3-39

双手做相同动作,同时食指和中指做贴合分开动作(图3-40)。

图 3-40

第三句:三三弯弯。

动作分解:双手中指、无名指、小拇指同时伸出伸直(图3-41)。

图 3-41

双手拇指、食指相接呈圆圈状,同时双手中指、无名指、小拇指向回弯(图 3-42)。

图 3-42

第四句:四四叉叉。

动作分解:双手大拇指捏回,其他四指伸出伸直(图 3-43)。

图 3-43

双手随屈臂于胸前四指交叉(图 3-44)。

图 3-44

第五句:五五一枝花。
动作分解:双手分开变为扩指随屈肘立于胸前(图 3-45)。

图 3-45

双手手腕相贴于下巴前(图 3-46)。
第六句:六六打电话。
动作分解:双手同时伸出大拇指与小拇指,其余三指自然弯回手心(图 3-47)。

第三章 五大领域概念训练

图 3-46

图 3-47

右手放在右耳下呈打电话状,左手插腰(图 3-48)。

图 3-48

第七句:七七捏捏。

动作分解:右手大拇指与食指、中指伸直相捏,无名指与小拇指自然弯回(图 3-49)。

图 3-49

双手大拇指与食指、中指伸直相捏,无名指与小拇指自然弯回(图 3-50)。

图 3-50

第八句:八八照相机。

动作分解:右手大拇指与食指伸直分开;中指、无名指与小拇指相捏自然弯回,如图 3-51 所示。

图 3-51

双手随屈臂至眼睛前方,双手拇指食指相对呈四边形(图 3-52)。

图 3-52

第九句:九九勾勾。

动作分解:双手随屈臂至肩前,食指自然弯回如钩,其余手指自然弯回相捏,如图 3-53 所示。

图 3-53

双手随屈臂至肩前,手指相扣(图 3-54)。

图 3-54

第十句:十十捶捶。

动作分解:双手随手臂伸直打开扩指(图 3-55)。

图 3-55

双手握拳,双手相搭叠在一起(图 3-56)。

图 3-56

第三节　高阶训练——大班教学

对于大班幼儿来说,小中班的活动目标明显不满足于大班幼儿的现状,因此我们在一日生活中的目标难度要加大。如绘画构图要完整,线条要流畅;按照线条要能剪出图形且图形边线要平滑,要会系鞋带,会洗碗、拖地,能够使用简单的劳动工具,进行力所能及的劳动等。这些内容也是渗透在舞蹈动作中要用舞蹈语言去表现出来并学会这些知识。

5～6岁幼儿可以学习一些跳跃式跑以及跳之类的动作,这些移动性动作的学习可以使幼儿记忆和反应能力逐渐提高,动作变换可以较多地在乐句之间进行,甚至偶尔也可在乐句之内进行。

一、《十指兄弟》组合

(一)儿歌歌谣

大拇指,是爸爸,爸爸开车滴滴滴。
爸爸旁边是妈妈,妈妈洗衣服哗哗哗。
妈妈旁边是哥哥,哥哥打篮球砰砰砰。
哥哥旁边是姐姐,姐姐跳舞啦啦啦。
姐姐旁边就是我,我敲小鼓咚咚咚。

(二)动作要领

本组动作主要通过儿歌中出现的爸爸、妈妈、哥哥、姐姐和我的先后顺序,熟记人物关系及人物的肢体动作,通过这几个单一的舞蹈动作着重让幼儿快速认识身体的方位变化,以掌握每一个人物所持有的物件以及人物动作的特征性。此组动作主要让幼儿认识、了解和掌握以下几个内容:(1)大拇指(通过小臂与手指的灵活配合,手指的高高竖立特指爸爸,象征爸爸高高在上的威严);(2)洗衣服动作(代表为家庭中生活的我们而辛苦劳动的妈妈,利用双手上下屈臂变直立的反复交替动作,来表现动作的复杂难度);(3)打篮球动作(利用双腿屈膝半蹲,结合双手屈臂向下力量的延伸,来表现哥哥的蓬勃向上的青春活力);(4)左右摇摆身体,以及模仿芭蕾娃娃的原地自转来代表姐姐爱跳舞情怀;(5)原地站立,用小臂向下敲击模仿打鼓的姿势来代表自己。

(三)领域知识

(1)健康领域:通过手指儿歌,让幼儿产生用自己的手指做动作的兴趣,发展基本手部动作,提升手臂动作的协调性、灵活性。

(2)语言领域:给予幼儿一个自由、宽松的语言交往环境,鼓励幼儿大胆与其同伴交谈,学习使用礼貌用语,对长辈说话时有特定的称呼。

(3)社会领域:通过此手指谣,让幼儿对家里的成员有更进一步的了解及认识,了解他们对自己付出的辛苦,学会尊重他人。

(4)科学领域:引导幼儿对此手指谣中的人物与自己的手指一一对应,从而初步理解数与量之间的关系。

(5)艺术领域:根据手指谣,让幼儿发挥自己的想象力,以多种形式展现自己的一家,如除了可以用舞蹈动作表现以外,还可以通过绘画、手工、泥塑等方式表现。

(四)组合设计意图

通过学习简短的儿歌,对家里的成员能更进一步的了解及认识,知道家人对自己的辛苦付出,通过舞蹈动作的渗透及结合歌谣内容让幼儿懂得尊重他人以及通过动作了解与知道每一个家庭成员的喜好。

(五)组合分解动作示范

第一句:大拇指,是爸爸。

动作分解:双腿并拢屈膝半蹲,双手于前平位握拳,大拇指向上竖立(图 3-57)。

第三章　五大领域概念训练

图 3-57

第二句：爸爸开车滴滴滴。

动作分解：双腿并拢屈膝半蹲，双手于前平位握拳，大拇指向上竖立，保持这种姿式，从左至右原地小碎步自转一圈（图 3-58 至图 3-61）。

图 3-58 　　　　　　　　　图 3-59

图 3-60　　　　　　　　图 3-61

第三句：爸爸旁边是妈妈，妈妈洗衣服哗哗哗。

动作分解：左脚向左斜前方迈步，重心放在左脚，右脚绷脚旁点地；右手插腰，左手伸出至前平位8点方向（图3-62）。

图 3-62

第三章 五大领域概念训练

左手屈臂弯回同时与右手同至小腿前方,双腿同时屈膝半蹲,上身含胸低头俯身向前(图 3-63)。

第四句:妈妈洗衣服哗哗哗。

动作分解:上身转向右侧 2 点方向,重心落在左脚上,右脚勾脚,腿伸直;同时双手掌张开收回至胸前,两侧肘关节与身体相夹(图 3-64)。

图 3-63

图 3-64

脚下动作不变,双手掌张开,去找右脚方向,手臂伸直俯身向下(图 3-65)。

第五句:妈妈旁边是哥哥,哥哥打篮球砰砰砰。

动作分解:右脚向右斜前方迈步,重心放在右脚,左脚绷脚旁点地;右手伸出前至平位 2 点方向,左手为旁按掌(图 3-66)。

脚下动作不变,左手动作不变,右手从前平位随屈臂弯肘至额头上方,手心向上(图 3-67)。

第六句:哥哥打篮球砰砰砰。

动作分解:双腿屈膝半蹲,双手随屈臂弯肘向下,指尖相对于跨跟前(图 3-68)。

图 3-65

图 3-66

图 3-67

图 3-68

第三章 五大领域概念训练

双腿直立站好,双臂弯回,双手至胸前(图3-69)。

第七句:哥哥旁边是姐姐,姐姐跳舞啦啦啦。

动作分解:左脚向左斜前方迈步,重心放在左脚,右脚绷脚旁点地;右手为旁按掌,左手伸出向前至平位8点方向(图3-70)。

图 3-69　　　　　　　　图 3-70

双腿直立站好,立半脚掌;右手弯回放于胃前2位手处,左手上升至3位手处(图3-71)。

第八句:姐姐跳舞啦啦啦。

动作分解:上身动作保持不变,双脚在半脚掌的基础上原地小点步自转一圈(图3-72至图3-74)。

第九句:姐姐旁边就是我,我敲小鼓咚咚咚。

动作分解:双脚落半脚掌站直,双臂屈臂弯肘,手扶胸前,手臂端平(图3-75)。

第十句:我敲小鼓咚咚咚。

动作分解:双手打开呈旁按掌(图3-76)。

图 3-71　　　　　　　　图 3-72

图 3-73　　　　　　　　图 3-74

第三章 五大领域概念训练

图 3-75 　　　　　　　　　　　　图 3-76

双手随屈臂扶于两侧胯骨(图 3-77)。

大臂不动,小臂向外推出 15 度(图 3-78)。

图 3-77 　　　　　　　　　　　　图 3-78

二、《搭积木》组合

(一)儿歌歌谣

搭呀搭搭积木,
搭个房子爸妈住。
搭个学校我读书。
搭个牧场养动物。
搭呀搭搭积木,
搭个山洞通公路。
搭个高山栽满树。
搭个飞船天上舞。

(二)动作要领

本组动作主要通过儿歌中出现的房子、爸妈、学校、读书、山洞、公路、高山、树等词语概念的先后顺序,通过人物与建筑物以及植物关系熟记关联出现的肢体动作,用这几个单一的舞蹈动作着重让幼儿认识身体动作并可以完成简单的模仿,同时通过动作可以熟记所要表达出的物体特征。此组动作主要让幼儿认识、了解和掌握以下几个内容:(1)房子(通过大臂与小臂的灵活配合,完成斜下位、旁平位与圆的概念和准确位置);(2)学校动作(通过模仿看书姿态,利用双手屈臂扬掌以及上身仰靠,来表现学校场景);(3)山洞动作(利用双臂在头上方的圆来完成山洞的造型,同时用双臂前平位来完成通行的造型);(4)通过站立双扬掌与单膝跪地小舞花来完成高山与树;(5)最后利用移步与上身的晃动带动双臂在上方的摆动完成飞舞的形态动作。

(三)领域知识

(1)健康领域:通过手指儿歌,让幼儿用自己的手臂结合上身完成动作,利用搭积木掌握一些简单知识技能,并了解不仅积木需要清洁打理,在玩积木之前与玩之后都需要清洁自己的手、周围的场地等。

(2)语言领域:给予幼儿一个自由、宽松的语言交往环境,鼓励幼儿大胆学念儿歌歌谣,在熟记儿歌的同时利用儿歌的词语引发动作的表现与联想。

(3)社会领域:通过此手指谣,让幼儿懂得对周围的事物与人物都要尊重,明白很多事情都需要合作完成,都需要在集体中成长。

(4)科学领域:引导幼儿对此手指谣中的实物、植物、人物与自己的手臂与上身一一对应,从而初步理解数与量之间的关系,以及初步掌握基础方位。

(5)艺术领域:根据手指谣,可以让幼儿发挥自己的想象力,根据歌谣中出现的语言与之模仿的形态动作可以用多种形式展现自己。

(四)组合设计意图

通过学习搭积木的儿歌,激发学生对搭积木动作所引出的领域知识的兴趣与身体动作的表现欲望,通过动作与儿歌所表达出的意境让幼儿熟记搭积木中出现的知识概念,既完成舞蹈动作的学习,还可以通过动作体验表演的乐趣,同样也锻炼了学生的口语表达能力与艺术表现力。并且从中了解和学会与人相处及合作,例如:学校利用完成模仿看书造型的同时,让幼儿学会在学校就需要团结合作,相互学习。利用手臂在上动作呈现高山,手臂在下呈现树木由下生长的过程。用合掌与圆表现房子,房子是家的代表,家是有爱的地方,所以和爸爸妈妈一起住,引发幼儿从小感恩于爱的情谊表达与灌输。通过地面跪地动作展示山洞接触于地面,初步让幼儿有山洞的概念,知道山洞是可以通公路跑火车汽车,可以载我们去我们想要去的地方。通过站立的身体摇摆与手臂的摇摆让幼儿明确区分飞在天空的有哪些交通工具等。

(五)组合分解动作示范

第一句:搭呀搭搭积木。

动作分解:双腿并拢屈膝半跪,曲臂弯肘,双手手心在下,左右手交替从胃前到胸前依次向上(图3-79、图3-80)。

图 3-79　　　　　　　　　　图 3-80

第二句:搭个房子爸妈住。

动作分解:双腿动作不变,双手从胸前经过胃前落至小腹下,经过旁斜下方至旁平位上升至头上方呈现圆弧形状;双手合掌从上落至左耳旁身体微倾(图 3-81、图 3-82)。

第三句:搭个学校我读书。

动作分解:双腿动作不变,双手从上经过旁位向下,再经过 2 点斜下方上升至 2 点斜上方,上身后仰双手合并仰掌(图 3-83)。

第四句:搭个牧场养动物。

动作分解:双腿动作不变,双手从胸前经过胃前落至小腹下,再经过旁斜下方至旁平位上升至头上方呈现圆弧形状(图 3-84、图 3-85)。

第五句:搭个山洞通公路。

动作分解:双腿动作不变,双手从胸前经过胃前落至小腹下,再经过旁斜下方至旁平位上升至头上方呈现圆弧形状(图 3-86)。

第三章 五大领域概念训练

图 3-81

图 3-82

图 3-83

图 3-84

图 3-85　　　　　　　　　　　图 3-86

第六句:搭呀搭搭积木。

动作分解:双腿并拢屈膝半跪,曲臂弯肘,双手手心在下,左右手交替从胃前到胸前依次向上(图 3-87)。

图 3-87

第七句:搭个高山栽满树。

动作分解:双腿并拢站直,双手从胸前经过正上方打开至旁斜上方;向后撤右脚单腿跪地,双手经过旁位落至小腹下方停在胸前,双肘弯曲,手腕相对,手指打开(图3-88、图3-89)。

图 3-88　　　　　　　　　图 3-89

第八句:搭个飞船天上舞。

动作分解:双腿并拢站直立起半脚掌,双手从胸前经过正方打开至旁斜上方(图3-90)。

右腿向右侧迈步,两腿左右分开,换重心移动,同时双手随上身左右摆动(图3-91、图3-92)。

图 3-90

图 3-91

图 3-92

第四章　幼儿舞蹈表演组合

幼儿舞蹈表演是学龄前儿童在生活中一个不可缺少的组成部分。它对幼儿身心的健康、情操的陶冶、智力的开发和建设社会主义精神文明，都有着重要作用。4～6岁是开始舞蹈启蒙的最佳时间，此时的幼儿正处在生理、心理成长发育的重要时期，他们特别爱好活动，听了不同性质的音乐，就能引起情绪上的共鸣，就要用动作来表达他们对音乐的感受。幼儿舞蹈表演首先要了解幼儿的生理、心理特点、动作发展情况和接受水平。使幼儿舞蹈符合儿童的特点，不会将舞蹈的表现成人化、专业化。另外，幼儿的平衡能力、控制能力都比较差，但弹跳能力则发展得比较好，所以在动作表现中要力求舒展、短促有力、节奏欢快，使幼儿的表演活泼可爱。

第一节　律动训练

律动可以解释为有韵律节奏的身体动作，又称为听音乐动作。这种由音乐节奏激发感情，同时又把感情变为节奏动作的表现，可以培养幼儿的节奏感，使其能够辨别音乐性质，以提高音乐感受力，为学习音乐舞蹈奠定基础。同时也能更好地促进幼儿思维内化的过程。幼儿律动是幼儿舞蹈最基本的组成部分，由于婴幼儿从诞生开始，天生的生理现象是进行律动教育的生理基础。

一、低阶训练——小班教学

《我是一颗甜果果》组合

(一)训练目的

根据歌曲旋律、音乐节奏,配合做出相应的动作,训练幼儿的扩指能力,以及对上下方位的辨别,认识上方位的太阳、月亮,下方位小花等在生活中的不同,让幼儿在舞蹈中模仿有趣的动作、表情和声调。同时掌握自然界规律,通过规律延伸至肢体动作。

(二)动作要领

训练幼儿的握拳、扩指、兰花指等手部的肌肉能力以及动作的协调能力和对上下方位的辨别能力。对右斜上方太阳、左斜上方月亮、前斜下方小花的动作需要准确区分,并能跟随熟悉的音乐做身体动作。[1]

(三)组合分解动作示范

(1)准备拍(5—6—7—8)

双腿摆好一位胯坐于地面,双手插腰准备(图4-1)。

图 4-1

---

[1] 陈永莉. 幼儿园主题课程目标的制订与实施策略[J]. 早期教育(教育教学),2021(3).

第四章 幼儿舞蹈表演组合

(2)(1—8)拍

1—2—3—4拍:双手插腰,左手不动,右手变为兰花指,从插腰手经过右旁按掌位向上升起停在右旁斜上方,手臂伸直,指尖向上(图4-2)。

图 4-2

第5拍:左手随曲臂握拳于左肩前,右手从右斜上方随屈臂握拳落至右肩前(图4-3)。

图 4-3

第 6 拍：双手变为扩指，双臂伸直与肩齐宽，同时推向左斜上方(图 4-4)。
第 7 拍：双手从扩指变为握拳，屈双臂于肩前(图 4-5)。

图 4-4

图 4-5

第 8 拍：双手变为扩指，双臂伸直与肩齐宽，同时推向右斜上方(图 4-6)。

图 4-6

(3)(2—8)拍

1—2—3拍:右手变为掌型从右至旁停在旁按掌位,左手变为兰花指经过正上方停在左斜上方(图4-7)。

图 4-7

第4拍:左手握拳随曲臂从上落下至左肩前,右手随曲臂从下上至于右肩前(图4-8)。

第5拍:双手变为扩指,向左倾身(图4-9)。

图 4-8 　　　　　　　　图 4-9

第 6 拍：双手变为握拳，身体回正（图 4-10）。
第 7 拍：双手变为扩指，向右倾身（图 4-11）。

图 4-10 　　　　　　　　　图 4-11

第 8 拍：双手变为握拳，身体回正（图 4-12）。
（4）（3—8）拍
1—2 拍：双手变为扩指伸向正上方（图 4-13）。

图 4-12 　　　　　　　　　图 4-13

3—4拍:双手从上落至旁平位(图4-14)。

图 4-14

第4拍:曲臂弯肘,双手手指捏回停在眼睛两侧,同时左倾头(图4-15)。

图 4-15

第6拍:双手变为扩指(图4-16)。

图 4-16

第7拍:身体重心移向右,同时右倾头,手指捏回(图4-17)。

图 4-17

第8拍:双手变为扩指(图4-18)。

图 4-18

(5)(4—8)拍

1—2拍:身体回正,左手造型不变,右手变为立腕兰花手(图4-19)。

图 4-19

第四章 幼儿舞蹈表演组合

3—4拍:右手造型不变,左手变为立腕兰花手(图4-20)。

图 4-20

5—6拍:双手小臂相交,双手变为握拳(图4-21)。

图 4-21

7—8拍:双手变为扩指(图4-22)。

图 4-22

(四)音乐曲谱

我是一颗甜果果

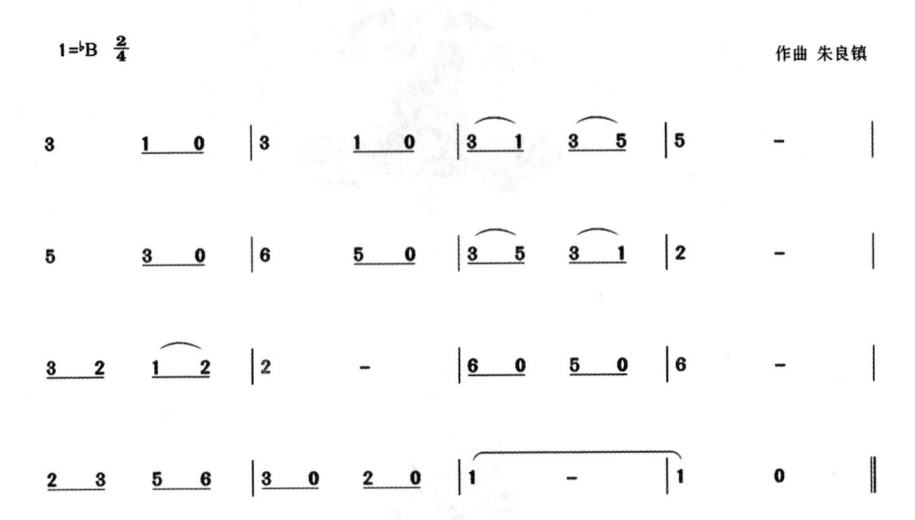

1=♭B 2/4

作曲 朱良镇

| 3　　1　0 | 3　　1　0 | 3 1　3 5 | 5　－ |

| 5　　3　0 | 6　　5　0 | 3 5　3 1 | 2　－ |

| 3 2　1 2 | 2　－ | 6 0　5 0 | 6　－ |

| 2 3　5 6 | 3 0　2 0 | 1　－ | 1　0 |

　　我们将《我是一颗甜果果》这首乐曲作为小班的律动活动教学。小班的学龄前儿童年龄普遍在3～4岁之间。这时的儿童，刚刚进入幼儿园，身体协调能力普遍较差，甚至还有一些小朋友分不清左右方向，"同手同脚"的也是比比皆是。这时在选择律动音乐时就要求教师要选择节奏清晰的、节拍重音明显的、速度适中的、歌词朗朗上口的音乐。《我是一颗甜果果》乐曲采用降B大调，2/4拍，每一小结只有一个节拍重音，便于小班的低龄儿童快速掌握节奏。乐曲速度采用中速，以四分音符为一拍，每分钟在80～108拍之间，使得幼儿不至于因为音乐速度太快，显得"手忙脚乱"。旋律以三度音程为单位，(三度音程多为协和音程，儿童在学习的过程中不易"跑调"，而大幅度的乐音跳动不便于低龄儿童记忆音乐。)音域在五度以内，(便于保护儿童的声带，低龄儿童大多没有歌唱的学习，八度以内的乐音更容易掌握)配以正三和弦(正三和弦为完全和弦，和弦音响效果饱满、和谐。不会使人产生烦躁的感觉)的伴奏音型，歌词简单明了，便于记忆，重复性乐段还可以加强舞蹈动作的熟练性。

二、中阶训练——中班教学

《我们生长在社会主义花园里》组合

(一)训练目的

通过歌曲《我们生长在社会主义花园里》让幼儿了解祖国的概念;通过小鸟的动作特征、小花的动作特征以及幼儿生长的环境与过程让幼儿更加明确:因为祖国的美好,才让我们生活在一个幸福团结的国家,才有了我们现在平安幸福的安逸生活;通过模仿及学会表现生长的动作过程感受祖国带来的美好生活,让幼儿从小就树立爱祖国的意识。

(二)动作要领

注意动作时的规范,例如:小花生长的规律由低到高,所以在动作时要注意动作的准确方位。做小鸟动作时,模仿小鸟的展翅飞翔,就要注意手腕与手指的配合,将双手的灵活与波浪都能展现出来。做小鱼儿动作时,双臂的交叠柔软要配合好,不可以分开,要去想象鱼儿在水中游来游去的感觉,着重感受指尖带动手掌,再到手腕、小臂、肘关节以及大臂的协调配合。

(三)组合分解动作示范

(1)准备拍(5—6—7—8)
双腿并拢跪于地面,双手旁按掌准备(图4-23)。
(2)(1—8)拍
1—2拍:右手随屈臂于胃前单按掌(图4-24)。

图 4-23

图 4-24

3—4 拍:左手随屈臂于胃前,左手搭在右手手腕上(图 4-25)。

5—6—7—8 拍:双手在上一动作的基础上做提压腕动作,一拍一次。

图 4-25

(3)(2—8)拍

1—2—3—4拍:双手手腕从胃前向上提至头上方(图4-26)。

图 4-26

5—6—7—8拍:双手从上向两侧分开,经过旁斜上方到旁平位落至旁按掌位(图4-27至图4-29)。

图 4-27

图 4-28

图 4-29

(4)(3—8)拍

第1拍:左手旁按掌动作保持不动,右手手心向上提至旁平位(图4-30)。

图 4-30

第2拍:右肘关节弯曲,呈弧线状,手心向上(图4-31)。
第3拍:右手保持动作不变,左手手心向上提至旁平位(图4-32)。
第4拍:左手肘关节弯曲,呈弧线状,手心向上(图4-33)。

第四章　幼儿舞蹈表演组合

图 4-31

图 4-32

图 4-33

5—6拍:双手从两侧缓缓落下经旁位至斜下方(图4-34)。

图 4-34

7—8拍:屈臂双手于小腹前合掌(图4-35)。

图 4-35

(5)(4—8)拍

1—2—3—4拍:双手手指尖从右至左带动手掌、手腕、小臂、肘关节、大臂,一次波浪弧线式向上延伸至头上方(图4-36至图4-38)。

第四章 幼儿舞蹈表演组合

图 4-36

图 4-37

图 4-38

第5拍:双手分开,手臂伸直与肩齐宽,手心向前,指尖向上(图4-39)。

图 4-39

6—7拍:屈臂弯肘,由双肘带动小臂缓缓落下,同时双手抖动手指(图4-40)。

图 4-40

第8拍:双手落至小腹下方处,双手打开至旁按掌位停住(图4-41)。
(6)(5—8)拍
第1拍:左手旁按掌动作不变,右手随屈臂于胸前,右手指尖扶胸口处(图4-42)。

第四章 幼儿舞蹈表演组合

图 4-41

图 4-42

第 2 拍：右手动作不变，左手随屈臂于胸前，左手指尖扶胸口处（图 4-43）。

图 4-43

第 3 拍：左手动作保持不变，右手挑起手腕，指尖向上放至嘴角旁（图 4-44）。

图 4-44

第 4 拍：右手保持动作不变，左手挑起手腕，指尖向上放至嘴角旁（图 4-45）。

图 4-45

5—6 拍：左手保持动作不变，右手打开至旁按掌位（图 4-46）。
7—8 拍：右手保持动作不变，左手打开至旁按掌位（图 4-47）。
（7）(6—8)拍
1—2 拍：双手经过旁平位、斜上位到正上位，双手手背相贴，双臂呈弧线状造型（图 4-48 至图 4-50）。

第四章 幼儿舞蹈表演组合

图 4-46

图 4-47

图 4-48

图 4-49

图 4-50

3—4 拍:双手从上到下经过旁斜上方、旁平位缓缓落下停至旁按掌位(图 4-51 至图 4-53)。

图 4-51

第四章 幼儿舞蹈表演组合

图 4-52

图 4-53

5—6 拍:左手保持动作不变,右手随屈臂弯肘,指尖带动小臂从里向外,从下向上打开至右斜前方,胳膊肘夹住于右侧旁腰呈平摊手摆住(图 4-54 至图 4-56)。

图 4-54

图 4-55

图 4-56

7—8拍：右手保持动作不变，左手随屈臂弯肘，指尖带动小臂从里向外，从下向上打开至左斜前方，胳膊肘夹住于左侧旁腰呈平摊手摆住（图 4-57 至图 4-59）。

图 4-57

第四章　幼儿舞蹈表演组合

图 4-58

图 4-59

(8)(7—8)拍

1—2—3—4—5—6—7—8拍：双手随屈臂至于肩前，双肘向下，手心对向肩膀与肩同宽，转动手腕，一拍一次（图4-60、图4-61）。

图 4-60

图 4-61

(9)(8—8)拍

1—2 拍：双手落下经过旁按掌位，由手腕带动缓缓向上停至头上方（图 4-62 至图 4-64）。

图 4-62

图 4-63

第四章　幼儿舞蹈表演组合

图 4-64

3—4 拍：双手经过旁斜上方，由手腕带动经过旁平位缓缓落下至旁按掌位（图 4-65 至图 4-67）。

图 4-65

图 4-66

图 4-67

5—6 拍：双手从旁按掌位随屈臂弯肘将双手手腕贴在两侧腰肌处（图 4-68）。

图 4-68

7—8 拍：双手同时打开 2 点方位与 8 点方位，肘关节夹住两侧腰肌，双手呈平摊手，结束（图 4-69）。

图 4-69

第四章　幼儿舞蹈表演组合

(四)音乐曲谱

我们生长在社会主义花园里

作曲　吴　成

1=C 3/4

5 1 5　3　|5 1 5　3　|3. 1 3 4 |5 - - |4 5 6　4 |4 5 6　4 |

2 3 4 5 6 7 |1 3　3 |1 3　3 |5　3　6 |5 - 3 |1 - 6 |

5 - - |4 - 5 |6　6　3 |1. 2 3 5 |2 - - |1　3　3 |

2. 1 3 |1. 7 6 5 |6 - - |7 - 6 |5 1 5　3 |5 1 5　3 |

2. 1 2 3 |1 - - |6 - 4 5 |6 - 6 |1　5　5 |1　5　5 |

6　6　6 |4 5 6　6 |1　5　5 |1　5　5 |1 2 3 4 5 |1 - 7 1 |

6 - - |7 - 6 |5 1 6 |5 6 5 3 |2. 1 2 3 |1 - - ‖

这是一首 C 大乐曲调,3/4 拍,欢快的舞曲形式,四分音符为一拍,每小节三拍,采用强弱弱的节拍分布。大三度、大六度的交替进行,让音乐始终有一种积极向上之感,附点四分音符加八分音符的进行,让音乐拥有动律感,伴奏采用分解和弦琶音形式,使乐曲的音响效果加厚。

三、高阶训练——大班教学

《拍手唱歌笑呵呵》组合

(一)训练目的

通过邀请式、遮盖脸部、点胸口等动作,让幼儿区分方位,让其跟着歌曲律动进行舞蹈动作的展示与延伸。引导并鼓励幼儿围绕主题展开,融合自己的想象,然后进行艺术的表现,让幼儿了解眼睛的作用,要手眼协调地进行展示,帮助幼儿提高反应能力、观察能力。通过邀请等动作增强合作意识。

(二)动作要领

要领:准确掌握自身方位位置。

训练幼儿通过拍手、半蹲、邀请等身体动作进行舞蹈展示。增进同伴之间合作、配合,建立互助友爱的快乐氛围。

(三)组合分解动作示范

(1)准备拍

(5—6—7—8)拍:身体直立站于地面,双手插腰准备(图 4-70)。

(2)(1—8)拍

1—2—3—4 拍:重心推向前,左脚向前迈步变为踏步,双手由里向前摊出。双手手心向上,指尖向前(图 4-71)。

5—6 拍:双手屈臂收回,小臂垂直,双手遮挡眼睛(图 4-72)。

7—8 拍:双手扶于胸前,右倾头(图 4-73)。

第四章　幼儿舞蹈表演组合

图 4-70

图 4-71

图 4-72

图 4-73

(3)(2—8)拍

1—2拍：双手扶于胸前，保持右倾头姿态不变，右脚收回变为正部位，双腿屈膝半蹲(图4-74)。

第3拍：双手平举于眼前，遮住眼睛(图4-75)。

图 4-74　　　　　　　　　图 4-75

第 4 拍：双臂向两侧横拉,手随双臂移动露出眼睛(图 4-76)。
5—6 拍：左手动作不变,右手落至右前斜下方(图 4-77)。

图 4-76　　　　　　　　　图 4-77

第四章　幼儿舞蹈表演组合

7—8拍：右手动作不变，左手落至左前斜下方（图4-78）。

图 4-78

（4）（3—8）拍

1—2拍：双手屈臂，小臂相交，手搭肩上，同时右脚向右迈步，重心移向右脚，右倾头，左脚绷脚点地（图4-79）。

3—4拍：上身动作不变重心移向左脚，右脚绷脚点地，左倾头（图4-80）。

图 4-79 　　　　　　　图 4-80

213

5—6拍:右脚收回变为正部位,双腿屈膝半蹲,同时左手伸出至8点斜下方,右手伸出至1点斜下方(图4-81)。

7—8拍:下身动作不变,左右手交替换位(图4-82)。

图 4-81　　　　　　　图 4-82

(5)(4—8)拍

1—2—3—4拍:双手随曲臂弯肘于左肩前拍手一次,再换另侧双手在右肩前拍手一次;重复动作各一次(图4-83、图4-84)。

5—6—7—8拍:左右手同时在曲臂弯肘时于肩前一拍一次转动手腕,再重复动作各一次(图4-85、图4-86)。

第四章　幼儿舞蹈表演组合

图 4-83 　　　　　　　　　图 4-84

图 4-85 　　　　　　　　　图 4-86

(四)音乐曲谱

拍手唱歌笑呵呵

1=F 2/4

作曲 王正荣

| 1 1 1 3 | 5 6 5 4 | 3 1 2 2 | 1 — |

| 1 1 1 3 | 5 6 5 4 | 3 1 2 2 | 5 — |

| 4. 4 | 6 6 6 | 3. 3 | 5 5 5 |

| 1 1 1 3 | 5 6 5 4 | 3 1 2 2 | 1 — ‖

我们将这首乐曲作为大班的律动活动教学曲。中班的学龄前儿童普遍年龄在 5～6 岁之间。这时的学龄前儿童随着年龄的增大,同时通过一年的学习和训练,对音乐的敏感性有所加强,肢体的协调能力也有所增加。那么我们在选择音乐时就可以有所变化,可以将一些速度稍快的、音程变化较多的、音域跳动较大的音乐纳入选择的范围。《拍手唱歌笑呵呵》是一首 F 大调,2/4 拍的乐曲。每小结一个节拍重音,速度稍快,情绪活泼欢快。乐曲以二度音程激进为主,使得乐曲体现了活泼欢乐的情绪特点,小三度音程与大三度音程的跳跃进行,进一步加大了乐曲的欢快情绪。八分音符加附点四分音符节奏的交替运用,使得乐曲的律动感更强烈,进一步推动音乐的律动效果。跳音与连音的组合使用,既使得乐曲有一定的跳跃感,又不失其旋律的连贯性。在律动中既考虑到大班学龄前儿童的身体灵活性的提高,又增强了大班学龄前儿童对连贯旋律的音乐表现能力。乐曲歌词简单明快,便于儿童记忆和传唱。

第四章 幼儿舞蹈表演组合

第二节　游戏组合训练

一、低阶训练——小班教学

游戏,用通俗的话来说其实就是"玩"。幼儿在玩耍的过程中总是要与生活相联系的,因此,舞蹈游戏一般都会有主体、有角色、有情节、有队形变化。从游戏的性质、形式、方法来看舞蹈游戏是多种多样的。如听音乐节奏变化造型,听音乐模仿等。可以说,孩子们会玩什么样的游戏,就会表现出这种游戏中与生活不可分割的那部分。如:踢跳脚游戏——编花篮,跑圈表演节目游戏——丢手绢,躲猫猫游戏——老鹰捉小鸡,写王字游戏,等。

《找朋友》组合

(一)训练目的

幼儿在与成人和同伴交往的过程中,不仅要学习如何与人友好相处,同样也要在学习中学习如何看待自己、对待他人,要不断发展适应社会生活的能力。良好的社会性发展对幼儿身心健康和其他各方面的发展都具有重要影响[①]。通过找朋友游戏就可以简单训练和锻炼幼儿与人相处及简单交往,在游戏中将舞蹈动作美化以调动幼儿玩耍与学习的积极性,从而既完成学习舞蹈动作又以愉快的心情完成游戏的互动,建立简单的友谊关系。

(二)动作要领

在动作游戏活动中,幼儿可以跟随音乐并在指定范围内随意走动或者小跑动,根据歌曲律动,可以边唱边通过身体动作走步、跑步、挫步等

---

① 张秋艳. 幼儿园社会领域教学感悟[J]. 考试周刊,2016(7).

动作边找朋友;通过两人之间握手动作、自我介绍动作、说再见动作,继续以舞蹈动作表现通过游戏的形式寻找下一个好朋友。在做以上动作时,都要注意舞蹈动作的规范与肢体动作的美感。

(三)游戏组合设计意图

刚进入幼儿园小班的孩子们,还没有完全适应离开父母的生活,他们不能很快地适应幼儿园这个集体的生活,很多小朋友性格孤僻,不愿意和其他小朋友玩耍、交朋友,为了锻炼他们的集体活动意识,设计了找朋友这个舞蹈游戏活动。通过学唱《找朋友》这首儿歌,让幼儿在玩游戏的过程中,通过游戏完成练习舞蹈动作并认识班级里的小伙伴,并且交到朋友,培养幼儿交往能力。同时让他们感受游戏带来的快乐,使幼儿喜欢参与集体活动,喜欢跳舞。

(四)组合分解动作示范

(1)准备拍(5—6—7—8):

A组小朋友们围一圆圈,双腿盘腿而坐,双手五指并拢旁点地(图4-87)。

图 4-87

B组小朋友身体直立,站于圆圈外侧,双手插腰准备(图4-88)。

第四章 幼儿舞蹈表演组合

图 4-88

第一句:A 组　找呀　找呀　找朋友
　　　　B 组　找呀　找呀　找朋友

A 组动作

1—2 拍:双腿盘坐动作不变,双手从下方随屈臂弯肘于左肩前,双手合掌拍手一次(图 4-89)。

图 4-89

3—4拍:双腿盘坐动作不变,双手从左肩前直接移动到右肩前,双手合掌拍手一次(图4-90)。

图 4-90

5—6—7—8拍:双腿盘坐动作不变,双手从右肩前直接移动到左肩前,双手合掌拍手一次(图4-91)。

图 4-91

B组动作

1—2—3—4—5—6—7—8拍:站在圈外,转身,身体右侧对着圆圈人的后背,同时双手插腰,围着圆圈外侧转圈,一拍一次做绷脚前吸腿动作,左右脚根据节拍换脚吸腿(图 4-92、图 4-93)。

图 4-92　　　　　**图 4-93**

第二句:A 组　找到一个好朋友(图 4-94)。

图 4-94

B组　找到一个好朋友。

A组动作

1—2拍:双腿盘坐动作不变,双手从左肩前直接移动到右肩前,双手合掌拍手一次。

3—4拍:双腿盘坐动作不变,双手从右肩前直接移动到左肩前,双手合掌拍手一次。

5—6—7—8拍:双腿盘坐动作不变,双手从左肩前直接移动到右肩前,双手合掌拍手一次。双腿盘坐动作不变,双手从右肩前直接移动到左肩前,双手合掌拍手一次。

B组动作

1—2—3—4拍:站在圈外,转身,身体右侧对着圆圈人的后背,同时双手插腰,围着圆圈外侧转圈,一拍一次做绷脚前吸腿动作,左右脚根据节拍换脚吸腿。

5—6—7—8拍:转身面对圈内,站在圆圈小朋友中间,双腿屈膝半蹲,双手从插腰手随屈肘手向上掬出,摊手至前斜下方,双手对准坐地圈内小朋友双肩处(图4-95)。

图 4-95

第三句:A组　敬个礼呀(图4-96)。

　　　　B组　敬个礼呀(图4-97)。

第四章 幼儿舞蹈表演组合

图 4-96

图 4-97

A 组动作:双腿盘坐动作不变,左手插腰,右手随屈臂弯肘,用食指点耳朵上方完成敬礼姿势。

B 组动作:左手插腰,右手随屈臂弯肘,用食指点耳朵上方完成敬礼姿势,转身向右和地面 A 组人对视(图 4-98)。

第四句:A 组　握握手。
　　　　　B 组　握握手。

A 组动作:左手插腰,右手从上落至旁平位,向右侧转身,回头。
看 B 组人(图 4-99)。

图 4-98

图 4-99

B组动作:右手插腰,转身向右,左手伸出至前斜下方与A组人握手(图4-100)。

第五句:A组　你是我的好朋友。
　　　　B组　你是我的好朋友。

A组动作:双手从胸前伸出,身体转向左侧,双手至前平位摊出,与B组人呼应相对(图4-101)。

第四章 幼儿舞蹈表演组合

图 4-100

图 4-101

双臂屈臂弯肘,小臂相交叉,双手放于肩上方(图 4-102)。

图 4-102

　　B 组动作:双手从胸前伸出,身体转向左侧,双手至前平位摊出,与 A 组人呼应相对(图 4-103)。

图 4-103

　　双臂屈臂弯肘,小臂相交叉,双手放于肩上方(图 4-104、图 4-105)。

第四章 幼儿舞蹈表演组合

图 4-104

图 4-105

第六句：A 组　再见。

　　　　B 组　再见。

A 组动作：双腿盘坐于地面，双手放于双肩前，做左右手部摆动动作（图 4-106）。

B 组动作：双腿屈膝半蹲，双手放于双肩前，做左右手部摆动动作（图 4-107）。

图 4-106

图 4-107

(五)音乐曲谱

找朋友

作曲 佚名

1=G 2/4

5 6 5 6 | 5 6 5 | 5 i 7 6 | 5 6 5 | 5 5 3 3 |

5 5 3 | 2 4 3 2 | 1 2 1 | x x 0 | x x 0 ‖

第四章 幼儿舞蹈表演组合

这是一首 G 大调的乐曲，2/4 拍，活泼的、固定的节奏型便于幼儿学习和记忆，跳进式音程进行，让音乐的变化加多，更符合学龄前儿童活泼好动的特点。

二、中阶训练——中班教学

(一)《小汽车》组合

1. 训练目的

通过复习儿歌音乐《小汽车》，让幼儿回忆已经学过的儿歌曲目，在听的过程中自己跟着儿歌音乐哼唱，当哼唱达到熟练后，再进入舞蹈动作的训练，这样会使幼儿在心情愉悦的状态下学习舞蹈动作，学起来也更加容易，也更能与小伙伴之间产生互动，配合也会更默契，更有利于完成游戏过程中的舞蹈表现。

2. 动作要领

注意集体互动动作时的规范与默契配合，例如：模仿小汽车要开过来时，我们用两人一组扶腰跑圈前后有层次的动作来表现，当人们看到汽车时要主动躲闪，当汽车遇到汽车时也要相互避让；模仿送妈妈时，我们用人物的高低以及推立半脚掌加小碎步动作来表现送妈妈时的场景等。

3. 儿歌曲目

小汽车，滴滴滴。开过来，开过去。
小宝宝，当司机。送妈妈，上班去。

4. 游戏组合设计意图

使幼儿在玩的过程中，不仅熟记儿歌与学会模仿儿歌中出现的歌谣动作，更重要的是基本了解与感知父母的辛苦，知道妈妈上班的不容易，知道妈妈每天都起早贪黑，辗转坐车来回奔波于工作单位与家的辛苦，侧面告知幼儿要体谅父母的不容易，要做个乖巧懂事的好宝宝。同时了解马路上车辆行驶时要注意安全，懂得避让，从小培养交通安全意识。

5. 组合分解动作示范

准备拍(5—6—7—8):站立于地面,双手旁按掌,指尖相对。
第一句:小汽车。
动作:同准备拍一样(图 4-108)。

图 4-108

第二句:滴滴滴(图 4-109 至图 4-112)。
动作:低头,双腿弯膝半蹲;小碎步从左到后再到右侧回正在一点方向,小碎步原地转一圈。

图 4-109

第四章 幼儿舞蹈表演组合

图 4-110

图 4-111

图 4-112

第三句:开过来(图4-113)。

动作:两人一组为搭档,前面的人当开车的人,双手握拳,双臂弯曲于胸前呈圆弧状,后面的人双手扶住前面的人的两侧腰肌处。

图 4-113

第四句:开过去(图4-114、图4-115)。

动作:两人一组为搭档,呈半蹲小碎步造型,前面的人当开车的人,双手握拳,双臂弯曲于胸前呈圆弧状;后面的人双手扶住前面的人的两侧腰肌处;两组人左右、前后以绕圆圈的队形方式交换位置。

图 4-114

第四章 幼儿舞蹈表演组合

图 4-115

第五句:小宝宝(图 4-116)。

动作:两组人以绕圆圈的队形方式交换位置后,变为两竖排;身体直立,手臂动作不变。

图 4-116

第六句:当司机(图 4-117)。

动作:两竖排变为一横排,后面两个人向第一排插空站好;同时双腿并拢弯膝,屈臂,双手搭于双肩,肘关节端平。

图 4-117

第七句:送妈妈(图 4-118)。

动作:所有人集体向右侧转身,右侧第一人直立身体,双手屈臂于胸前,手扶胸口,肘关节端平;后面的人双手扶于前面一人的两侧腰肌处,身体微向前俯身。

图 4-118

第八句:上班去(图 4-119、图 4-120)。

动作:右侧第一人双手从胸前移至肩膀上方,双臂与肩齐平;后面的人双手扶于前面一人的两侧腰肌处,双腿弯膝半蹲身体,微向前俯身抬头;最后一拍右侧第一人落下半脚掌站直,后面的人站直,双脚立起半脚掌。

图 4-119

图 4-120

(二)《摆积木》组合

1. 训练目的

通过复习儿歌歌曲《摆积木》,让幼儿回忆已经学过的儿歌歌曲,在听的过程中自己跟着音乐哼唱,当哼唱熟练后,进入舞蹈动作的训练,这样会使幼儿在心情愉悦的状态下学习舞蹈动作,也能使幼儿的身体动作完成得更加舒展。

2. 动作要领

注意每一个动作时的身体方位要规范且要与教室方位准确地配合,例如:做长方形动作时,我们用双臂向上伸展来展现,用手指的高度和脚下的低度让幼儿感受长的概念;做宽的动作时,我们用大臂夹腰,小臂展开与肩齐宽去准确把握方位感与肌肉的控制能力;做圆形动作时我们利用指尖去找旁斜下位、旁平位、旁斜上位以及正上位指尖相对,肘略弯来展现圆等。

3. 游戏组合设计意图

通过幼儿在日常生活中喜欢玩积木,我们以积木为题材设计游戏组合,此组合不仅需要幼儿熟记歌曲与学会模仿歌曲中出现的歌谣动作,更重要的是让幼儿基本了解不同的形状与身体感知动作形状的不同。同时通过具体的形状辅助完成与解决幼儿身体动作的协调力、柔韧以及肢体的配合。

4. 组合分解动作示范

(1)准备拍(5—6—7—8):
打开一位小胯坐于地面(图 4-121)。

图 4-121

(2)(1—8)拍
1—2拍:双手、小臂呈斜角之间相对姿态(图 4-122)。
3—4拍:双手、小臂向两侧打开,摆放在肩前(图 4-123)。

第四章 幼儿舞蹈表演组合

图 4-122 　　　　　　　图 4-123

5—6 拍：双手、小臂呈斜角之间相对（图 4-124）。
7—8 拍：双手指尖带动手臂向正上方伸出，双臂夹住耳朵（图 4-125）。

图 4-124 　　　　　　　图 4-125

(3)(2—8)拍

1—2拍:双手小臂向外侧打开对准旁斜上方(图4-126)。

图 4-126

3—4拍:双臂落至旁平位(图4-127)。

图 4-127

5—6—7—8拍:双臂从旁平位落至旁斜下位(图4-128)。

(4)(3—8)拍

1—2拍:左手保持动作不变,右手随小臂屈臂由里向上再向外打开停在2点位,头转向2点处(图4-129)。

3—4拍:右手保持动作不变,左手小臂屈臂由里向上再向外打开停在8点位,头看向8点处(图4-130)。

第四章 幼儿舞蹈表演组合

图 4-128

图 4-129

图 4-130

5—6—7—8拍:双手从外侧落下,由里向上指尖相对于胸前(图4-131)。

图 4-131

(5)(4—8)拍

1—2拍:上身向左微倾,双手在左侧肩前拍手一次(图4-132)。

图 4-132

3—4拍:上身向右微倾,双手在右侧肩前拍手一次(图4-133)。
5—6拍:上身向左微倾,双手在左侧肩前拍手一次(图4-134)。

第四章　幼儿舞蹈表演组合

图 4-133

图 4-134

7—8 拍：上身向右微倾，双手在右侧肩前拍手一次（图 4-135）。

图 4-135

(6)(5—8)拍

1—2拍:双手于胸前,小臂相搭,大臂端平(图4-136)。

图 4-136

3—4拍:双臂上下分开,右臂与肩齐平,左臂平于胃(图4-137)。

图 4-137

5—6—7—8拍:双臂相合(图4-138)。
大臂带动小臂贴于小腹处(图4-139)。
双臂伸直至旁斜下方(图4-140)。

第四章 幼儿舞蹈表演组合

图 4-138

图 4-139　　　　　　　图 4-140

双臂经过旁平位到旁斜上方(图 4-141)。

图 4-141

双臂弯曲呈圆形,指尖相对于头上方(图 4-142)。

图 4-142

(7)(6—8)拍

1—2—3—4—5—6—7—8 拍:双臂弯臂,右肘关节带动小臂缓缓落下至肩前,停在胸前位(图 4-143 至图 4-145)。

第四章　幼儿舞蹈表演组合

图 4-143　　　　　　　　图 4-144

图 4-145

(8)(7—8)拍
1—2拍:右手从立腕兰花手变为轮手(图 4-146)。
3—4拍:右手不动,左手从立腕兰花手变为轮手(图 4-147)。

图 4-146 　　　　　　　　　图 4-147

5—6—7—8 拍：双手握拳再展开变为轮手，停在胸前，手腕相对（图 4-148 至图 4-150）。

图 4-148 　　　　　　　　　图 4-149

第四章　幼儿舞蹈表演组合

图 4-150

（9）（8—8）拍

1—2—3—4 拍：左手动作不变，右手缓缓落下至旁按掌位（图 4-151 至图 4-153）。

图 4-151 　　　　　　　　　图 4-152

图 4-153

5—6—7—8 拍：右手动作不变，左手缓缓落下至旁按掌位（图 4-154、图 4-155）。

图 4-154

图 4-155

5. 音乐曲谱

摆 积 木

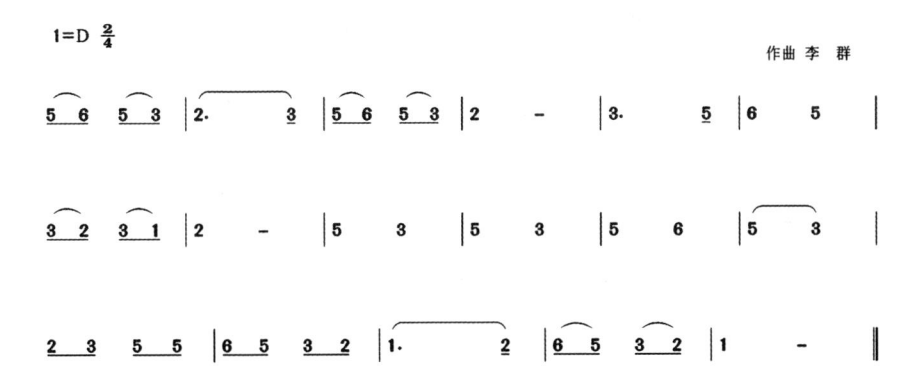

1=D 2/4

作曲 李 群

5 6 5 3 | 2. 3 | 5 6 5 3 | 2 — | 3. 5 | 6 5 |

3 2 3 1 | 2 — | 5 3 | 5 3 | 5 6 | 5 3 |

2 3 5 5 | 6 5 3 2 | 1. 2 | 6 5 3 2 | 1 — ‖

《摆积木》乐曲为 D 大调，2/4 拍，速度为中速，八度以内的音域对于学龄前儿童较为容易掌握，音节式的旋律让学龄前儿童在学习的过程中不易出现"跑调"的现象，从而降低了学习的难度。规整的 2/4 拍节奏，即便在儿童活动中，也很难出现动作与节拍不相符的情况，比较适合年龄较小的学龄前儿童使用，如小班的学龄前儿童。歌词又以孩子们最常见的玩具为主题，具体的实物与抽象的音乐舞蹈相结合，让孩子们通过"看得见"的积木就能记忆舞蹈的动作。

三、高阶训练——大班教学

(一)《老鹰捉小鸡》组合

1. 训练目的

发育良好的身体、愉快的情绪、强健的体质、协调的动作、良好的生活习惯和基本生活能力是幼儿身心健康的重要标志,也是幼儿在其他领域学习与发展的基础。在玩耍的过程中,通过以舞蹈动作的形式,锻炼幼儿身体素质,提高身体肌肉的力量,培养幼儿的团结协作能力。

2. 动作要领

由一名幼儿扮演鸡妈妈,戴上头饰站在队列最前方,其他小朋友依次站队列在后方,扮演鸡宝宝;另一位小朋友戴上老鹰头饰扮演老鹰。音乐响起,鸡妈妈保护鸡宝宝,老鹰要去捉小鸡,鸡妈妈伸臂挡住老鹰,以防捉住鸡宝宝,当老鹰靠近鸡宝宝时,鸡宝宝可蹲下或躲闪,不被老鹰捉住,如若老鹰捉住鸡宝宝,就把它带到提前设定好的"鹰巢"里。在做鸡妈妈动作时要注意展开双臂,呈现保护欲望的动作姿态,动作表现要舒展硬气;做鸡宝宝动作时,要注意小碎步左右移动时双腿尽量相贴,不要分开太大,上身也要随着脚下步伐的移动左右躲闪晃动;而做老鹰动作时,身体动作需要夸张且幅度要大。

3. 游戏组合设计意图

通过游戏组合,使幼儿在玩的过程中,能够积极动脑,主动克服困难,增强与同伴有合作的意识,利用游戏玩耍活动帮助幼儿完成舞蹈动作中的跑、小碎步、拥抱、伸臂等动作,发展幼儿身体的协调性、灵敏性,在活动中培养幼儿遵循游戏活动规则的能力和活泼开朗的性格。

第四章　幼儿舞蹈表演组合

4. 组合分解动作示范

(1)准备拍(5—6—7—8)

老鹰动作:站立于地面,双腿与肩同宽,大八字步,双手插腰(图4-156)。

鸡妈妈动作:双腿并拢,立起半脚掌,双手打开,旁平位扩指(图4-157)。

图 4-156　　　　　　　　图 4-157

鸡宝宝动作:站于鸡妈妈身后呈一竖排,所有人双手手臂伸直扶于前面一人的两侧腰肌处,双腿并拢,屈膝半蹲,俯身向下,抬头踏腰,臀部上翘(图 4-158)。

(2)(1—8)拍:老鹰动作

1—2—3—4 拍:双手握拳于身体两侧前后摆臂,同时双腿弯膝下左旁腰,向左侧小跑步(图 4-159、图 4-160)。

图 4-158

图 4-159 　　　　　　　　　　图 4-160

5—6—7—8 拍：双手握拳于身体两侧前后摆臂，同时双腿弯膝下右旁腰，向右侧小跑步（图 4-161、图 4-162）。

第四章　幼儿舞蹈表演组合

图 4-161　　　　　　　　图 4-162

(3)(1—8)拍:鸡妈妈动作

1—2—3—4拍:双手架于旁平位扩指,保持动作不变,手腕上下提压腕;同时双腿立起半脚掌,向左侧立半脚掌,小步横移(图 4-163)。

图 4-163

5—6—7—8拍:双手架于旁平位扩指,保持动作不变,手腕上下做提压腕动作;同时双腿立起半脚掌,向右侧立半脚掌,小步横移(图4-164)。

(4)(1—8)拍:鸡宝宝动作

1—2—3—4拍:双腿屈膝半蹲,手臂伸直扶于前面一人的两侧腰肌处,俯身向下,抬头踏腰,臀部上翘藏于鸡妈妈身后,随着鸡妈妈左右移动的同时,鸡宝宝小碎步左右移动(图4-165)。

图 4-164 　　　　　　　图 4-165

5—6—7—8拍:双腿屈膝半蹲,手臂伸直扶于前面一人的两侧腰肌处,俯身向下,抬头踏腰,臀部上翘藏于鸡妈妈身后,随着鸡妈妈左右移动的同时,鸡宝宝小碎步左右移动(图4-166)。

5. 整体场景效果展示

如图4-167至图4-172所示。

第四章 幼儿舞蹈表演组合

图 4-166

图 4-167

图 4-168

图 4-169

图 4-170

图 4-171

图 4-172

(二)《淘气的小黑鸡》组合

1. 训练目的

通过鸡走步练习,使幼儿呈现用步伐动作模仿小鸡走步的样子,使幼儿在边模仿边走步中产生好奇,从而更加喜爱小动物,提升幼儿的观察能力。淘气的小黑鸡学走步,一会儿哭一会儿笑,学会了就欢喜得蹦蹦又跳跳,发展了幼儿的灵活性和平衡性。

2. 动作要领

学习鸡走步要注意动作的平衡性和过程动作的变化,一步一个脚印,稳步前行。掌握淘气时的动作跺脚哭闹和欢喜时的蹦跳动作,还要体现出小黑鸡的情绪变化。

3. 组合分解动作示范

准备拍:(5—6—7—8)站立,旁按掌准备(图4-173)。
(1—8)(2—8)拍:左腿屈膝,右腿勾脚向前迈步,身体重心移至右脚;右腿屈膝,左腿勾脚向前迈步,身体重心移至左脚,双手旁按掌(图4-174至图4-177)。

图 4-173

图 4-174 　　　　　　图 4-175

第四章　幼儿舞蹈表演组合

图 4-176 　　　　　　　　图 4-177

(3—8)拍：平踏步,双臂曲肘,双拳移至眼前,淘气的小黑鸡爱哭又爱闹(图 4-178、图 4-179)。

图 4-178 　　　　　　　　图 4-179

（4—8）(5—8)拍：左腿屈膝，右腿勾脚向前迈步，身体重心移至右脚；右腿屈膝，左腿勾脚向前迈步，身体重心移至左脚，双手旁按掌（图4-180至图4-183）。

图 4-180

图 4-181

图 4-182

图 4-183

第四章 幼儿舞蹈表演组合

(6—8)拍:蹦跳步,双臂曲肘,十指扩指,淘气的小黑鸡蹦蹦又跳跳(图 4-184 至图 4-186)。

图 4-184

图 4-185

图 4-186

4. 音乐曲谱

淘气的小黑鸡

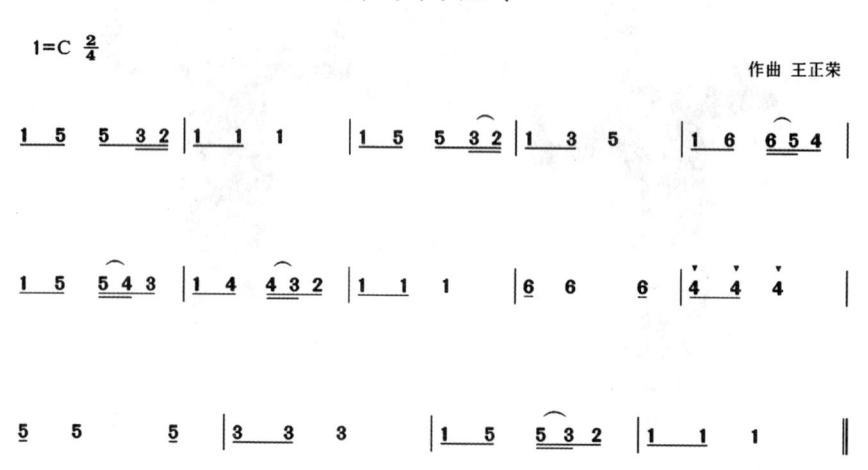

1=C 2/4

作曲 王正荣

```
| 1 5  5 3 2 | 1  1  1 | 1 5  5 3 2 | 1 3  5 | 1 6  6 5 4 |

| 1 5  5 4 3 | 1 4  4 3 2 | 1 1  1 | 6 6  6 | 4 4  4 |

| 5  5  5 | 3 3  3 | 1 5  5 3 2 | 1 1  1 ‖
```

《淘气的小黑鸡》,乐曲为 C 大调,2/4 拍。乐曲以八分音符节奏为主,穿插使用十六分音符,切分节奏,呈现音乐的活泼感。两小结为一个乐句,每一乐句以开放式音程开头,大六度、纯四度、纯五度的音程关系的交替使用,让一个"调皮捣蛋的小黑鸡"的音乐形象呼之欲出,切分节奏的加入又使得乐曲的可爱感跃然眼前。大二度音程的巧妙加入让音乐拥有戏剧性的冲突感,使"小鸡"憨态可掬的形象更加深入人心。

第三节 歌表演训练

以幼儿为主体的歌表演训练,要重视培养幼儿的节奏感和基本动作的训练。动作和音乐两方面的复杂性都应该是始终存在的,就动作一方面来讲,动作组合总体上应该是简单多重复的,既有整体美感,又便于幼儿记忆和表现。①

幼儿有机会自己边唱边做，教师为幼儿的动作伴唱或伴奏，能够让幼儿多跟随比较熟悉的歌曲音乐做动作，引导幼儿注意动作与歌曲音乐相协调。所选动作组合应为简单多重复，且有目的有整体美感的。用边唱边做的方法，有助于幼儿熟悉歌曲音乐，以及歌曲音乐与动作的关系，形成歌曲音乐与动作联合反映，增强幼儿自己把握歌曲音乐和动作的积极性，最终发展幼儿动作的随乐性，因此要多鼓励幼儿自己边唱边做动作，这样有利于幼儿的全面发展。

一、低阶训练——小班教学

(一)《早离妈妈早长大》组合

1. 训练目的

小年龄的幼儿，不是特别在意要使自己的动作与听到的音乐相一致。如果他所学的动作刚好与他听到的音乐相一致时，这两方面相互协调所产生的舒适感会主动引起他的注意。随着这种经验的逐步积累，幼儿慢慢会感到自己有了一种主动追求获得这种经验的意识。随着这种意识的逐步增强，幼儿主动与音乐相一致的意识和能力就会逐步发展起来。

2. 动作要领

注意两个人做动作时的规范与默契配合，例如：模仿小花鸭与小白鸭动作时，要注意鸭子的特征性，要能用手臂与手来模仿鸭子的嘴，用腿的走步模仿鸭子的走步；模仿鸭子叫时，手腕与手指灵活曲张；模仿鸭子说话时，要两人面对面用虎口相对动作表现等。

---

① 吴凌云. 在游戏化韵律活动中培养幼儿的合作性学习品质——以大班韵律活动"竹竿舞"为例[J]. 幼儿教育研究, 2015(4).

3. 歌表演组合设计意图

使幼儿在跳舞的过程中,不但要学会歌曲的演唱,同时还要学会模仿歌中出现的歌谣动作,通过歌曲让幼儿知道两只鸭子在生活中就和我们小朋友一样,是需要建立友好的关系,相互帮助,相互配合才能更好地完成一些事情的。同样,通过动作让幼儿知道组队完成动作的重要性,就如同小朋友之间需要相互帮衬的,当离开妈妈时自己要学会长大的同时很多事情都离不开相互学习,只有团结一致才能有更大的收获,才能像小花鸭与小白鸭一样自己学会捕捉小鱼小虾,当有了一定收获以后也同样能够建立起自信心。

4. 组合分解动作示范

(1)准备拍(5—6—7—8)
站立于地面,双手旁按掌准备(图 4-187)。

图 4-187

(2)(1—8)拍
A组第1拍:双腿屈膝半蹲,双手握拳交叉于小腹下方(图 4-188)。
B组第1拍:保持准备拍动作不变(图 4-189)。
A组第2拍:双腿伸直,立板脚掌,双手交叉,握拳从小腹下方拎至头上方(图 4-190)。

第四章 幼儿舞蹈表演组合

图 4-188

图 4-189

图 4-190

B组第2拍:保持准备拍动作不变(图4-191)。

图 4-191

A组第3拍:双腿落半板脚掌,双手打开扩指至旁斜下方(图4-192)。
B组第3拍:双腿屈膝半蹲,同时右脚勾脚屈膝向后抬小腿(图4-192)。

图 4-192

A组第4拍:右腿半蹲,左腿伸直勾脚向旁,身体向左侧俯身,双手扩指伸向身体后斜上方(图4-193)。
B组第4拍:双手从旁按掌位经过小腹抬至胸前,弯肘,双手相叠,右手在上左手在下,腕部相贴,指尖上下分开(图4-193)。

第四章 幼儿舞蹈表演组合

图 4-193

A组5—6—7—8拍:双腿屈膝半蹲,双手握拳交叉于小腹下方(图4-194)。

图 4-194

双腿伸直,立板脚掌,双手交叉握拳,从小腹下方拎至头上方,同时脚下小碎步向前走出去(图 4-195)。

图 4-195

身体直立站好,双手打开扩指至旁斜下方(图4-196)。

图 4-196

B组5—6—7—8拍:双腿屈膝半蹲,双手握拳交叉于小腹下方。

双腿伸直立板脚掌,双手交叉握拳从小腹下方拎至头上方,同时脚下小碎步向后退步。

身体直立站好,双手打开扩指至旁斜下方。

(3)(2—8)拍

A组(1—8)拍:双腿屈膝半蹲,两拍一次,左右脚向前替换迈步,双手扩指旁按掌位,两拍一次,随脚左右前后替换,同时身体随出脚的方向左右摆动,最后一拍A组与B组合并为一横排(图4-197、图4-198)。

B组(1—8)拍:双腿屈膝半蹲,两拍一次,左右脚向前替换迈步,双手扩指旁按掌位,两拍一次,随脚左右前后替换,同时身体随出脚的方向左右摆动,最后一拍A组与B组合并为一横排(图4-197、图4-198)。

A组第1拍:双腿屈膝,双手握拳交叉经过小腹部推至胸前,双臂伸直。

B组第1拍:双腿屈膝,双手握拳交叉经过小腹部推至胸前,双臂伸直(图4-199)。

第四章 幼儿舞蹈表演组合

图 4-197

图 4-198

图 4-199

A 组第 2 拍:双腿伸直站好,双手打开呈旁平位(图 4-200)。
B 组第 2 拍:双腿伸直站好,双手打开呈旁平位(图 4-200)。

图 4-200

A 组 3—4 拍:双脚原地小碎步,双手落下至旁按掌位(图 4-201)。
B 组 3—4 拍:双脚原地小碎步,双手落下至旁按掌位(图 4-201)。

图 4-201

A 组 5—6—7—8 拍:左手旁按掌位不变,右手从旁按掌经过旁平位再到旁斜上方环动一次,然后落至旁按掌位。
B 组 5—6—7—8 拍:右手旁按掌位不变,左手从旁按掌经过旁平位再到旁斜上方环动一次,然后落至旁按掌位(图 4-202 至图 4-204)。

第四章　幼儿舞蹈表演组合

图 4-202

图 4-203

图 4-204

(4)(3—8)拍

A组1—2—3—4拍:双腿屈膝,拧身向右转与B组面对面,同时左手臂弯肘,将手虎口张开对准左侧嘴角,身体重心略左倾(图4-205)。

B组1—2—3—4拍:双腿屈膝,拧身向左转与A组面对面,同时右手臂弯肘,将手虎口张开对准右侧嘴角,身体重心略右倾(图4-205)。

图 4-205

A组5—6—7—8拍:手臂屈肘将双手虎口对准嘴角处,身体慢慢拧向反面方向,同时两拍一次做指尖相捏动作。

B组5—6—7—8拍:手臂屈肘将双手虎口对准嘴角处,身体慢慢拧向反面方向,同时两拍一次做指尖相捏动作。如图4-206至图4-210所示。

(5)(4—8)拍

A组1—2—3—4拍:手臂屈肘将双手虎口对准嘴角处,身体慢慢拧向反面方向,同时两拍一次做指尖相捏动作。

B组1—2—3—4拍:手臂屈肘将双手虎口对准嘴角处,身体慢慢拧向反面方向,同时两拍一次做指尖相捏动作。如图4-206至图4-210所示。

A组5—6—7—8拍:从左至右手臂屈肘,双手握拳放于胸前处,双手前后转动,双脚原地小碎步自转一圈。

B组5—6—7—8拍:从右至左手臂屈肘,双手握拳放于胸前处,双手前后转动,双脚原地小碎步自转一圈。如图4-211至图4-214所示。

第四章　幼儿舞蹈表演组合

图 4-206

图 4-207

图 4-208

图 4-209

图 4-210

图 4-211

第四章 幼儿舞蹈表演组合

图 4-212

图 4-213

图 4-214

(6)(5—8)拍

A组1—2—3—4拍:右腿屈膝半蹲,左脚勾脚向旁伸出,向右侧倾跨,双手打开至旁斜上方。

B组1—2—3—4拍:左腿屈膝半蹲,右脚勾脚向旁伸出,向左侧倾跨,双手打开至旁斜上方(图4-215)。

图 4-215

A组5—6—7—8拍:手臂屈肘,将双手虎口对准嘴角处,身体慢慢拧向反面方向,同时两拍一次做指尖相捏动作。

B组5—6—7—8拍:手臂屈肘,将双手虎口对准嘴角处,身体慢慢拧向反面方向,同时两拍一次做指尖相捏动作。如图4-216至图4-219所示。

(7)(6—8)拍

A组1—2—3—4拍:手臂屈肘,将双手虎口对准嘴角处,身体慢慢拧向反面方向,同时两拍一次做指尖相捏动作。

B组1—2—3—4拍:手臂屈肘,将双手虎口对准嘴角处,身体慢慢拧向反面方向,同时两拍一次做指尖相捏动作。如图4-216至图4-219所示。

第四章 幼儿舞蹈表演组合

图 4-216

图 4-217

图 4-218

图 4-219

A组5—6—7—8拍:从左至右手臂屈肘,双手握拳放于胸前处,双手前后转动,双脚原地小碎步自转一圈。

B组5—6—7—8拍:从右至左手臂屈肘,双手握拳放于胸前处,双手前后转动,双脚原地小碎步自转一圈。如图4-220至图4-223所示。

(8)(7—8)拍

A组1—2—3—4拍:从左至右手臂屈肘,双手握拳放于胸前处,双手前后转动,双脚原地小碎步自转一圈。

B组1—2—3—4拍:从右至左手臂屈肘,双手握拳放于胸前处,双手前后转动,双脚原地小碎步自转一圈。如图4-220至图4-223所示。

图 4-220

第四章 幼儿舞蹈表演组合

图 4-221

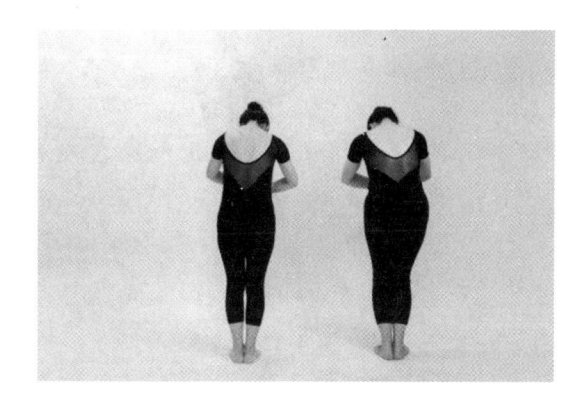

图 4-222

图 4-223

A组5—6—7—8拍：双腿并拢屈膝，俯身向下，后背平直，同时双手从身体正下方贴两侧腰肌划向身体斜后方。

B组5—6—7—8拍：双腿并拢屈膝，俯身向下，后背平直，同时双手从身体正下方贴两侧腰肌划向身体斜后方。如图4-224所示。

(9)(8—8)拍

A组(1—8)拍：左腿屈膝半蹲，右脚勾脚直腿伸出，俯身向下，双手扩指摆在身体斜后方。

B组(1—8)拍：双腿并拢，双膝跪地，俯身向下，双手扩指摆在身体斜后方。如图4-224所示。

图 4-224

5. 音乐曲谱

早离妈妈早长大

作曲 周继华

1=C 2/4

| 1 0i 6 6 | 5 5 6 | 1 0i 6 6 | 5 5 3 | 2. 3 5 6 | 3 0 2 0 | 1 0 ⁷⁻i ⁷⁻i |

| ⁷⁻i 0 0 | 1 5 5 5 | 6 6 5 | 1i 6 6 | 5 3 5 | 6 6 6 6 | 5 3 2 |

第四章 幼儿舞蹈表演组合

2.323 | 5 0 2 0 | 3 - | 3 0 | 3 32 3 5 | 1 3 2 | 3 32 3 5 |

1 3 2 | 1 01 6 6 | 5 5 6 | 1 01 6 6 | 5 5 6 | 5.3 6 6 | 5 2 3 |

5 - | 5 0 | 1 01 6 6 | 5 5 6 | 1 01 6 6 | 5 5 3 | 2.3 5 6 |

3 0 2 0 | 1 - | 1 0 | 2.3 5 6 | 2 6 | 1 - | 1 0 ‖

《早离妈妈早长大》是一首 C 大调音乐，2/4 拍，具有欢快的情绪特点。纯五度、大六度的音程跳进，让音乐充满了挑战感，多变的节拍组合让乐曲显得活泼、欢快，将小动物们自立自强的形象完美地展现出来。通过音乐让学龄前儿童懂得"自己的事情自己做"，培养其独立的精神。

二、中阶训练——中班教学

(一)《笑一个吧》组合

1. 训练目的

通过学唱歌曲《笑一个吧》，让幼儿在感受快乐的同时学会舞蹈动作的表演。歌词中出现的幼儿园里欢乐多，可以让幼儿通过学跳动作让幼儿想象上幼儿园的快乐，引导幼儿通过动作探索上幼儿园的乐趣，通过动作的学习让幼儿知道幼儿园不仅可以和小朋友一起玩，还可以唱歌、跳舞、做游戏、上课等，并且知道上学很快乐，不能哭鼻子，要学会坚强。

2. 动作要领

注意两个人做动作时的规范与默契配合。

3. 歌表演组合设计意图

使幼儿在跳舞的过程中,不但要学会歌曲的演唱,同时还要让幼儿明白上幼儿园的好处有很多,例如,每天都可以和小伙伴们一起玩游戏,可以一起学习、一起跳舞,可以离开爸爸妈妈独立干很多事情。通过舞蹈的学习间接性地了解幼儿,激发起幼儿的兴趣与好奇,从而达到完成组合学习的目的。

4. 组合分解动作示范

(1)准备拍(5—6—7—8)

A组B组面对面从两侧跑上来,站立于地面,双手旁按掌准备(图4-225)。

图 4-225

(2)(1—8)拍

A组1—2拍:双腿分开,屈膝半蹲(图4-226)。

B组1—2拍:双腿分开,屈膝半蹲(图4-226)。

A组3—4拍:重心移至右腿,左脚绷脚旁点地,左手旁按掌不变,右手随屈臂弯肘握拳,食指点脸颊(图4-227)。

B组3—4拍:重心移至左腿,右脚绷脚旁点地,右手旁按掌不变,左手随屈臂弯肘握拳,食指点脸颊(图4-227)。

第四章 幼儿舞蹈表演组合

图 4-226

图 4-227

A 组 5—6 拍:双腿分开,屈膝半蹲(图 4-228)。
B 组 5—6 拍:双腿分开,屈膝半蹲(图 4-228)。

图 4-228

A 组 7—8 拍:重心移至左腿,右脚绷脚旁点地,右手旁按掌不变,左手随屈臂弯肘握拳,食指点脸颊(图 4-229)。

B 组 7—8 拍:重心移至右腿,左脚绷脚旁点地,左手旁按掌不变,右手随屈臂弯肘握拳,食指点脸颊(图 4-229)。

图 4-229

(3)(2—8)拍

A 组 1—2 拍:双腿分开屈膝半蹲(图 4-230)。

B 组 1—2 拍:双腿分开屈膝半蹲(图 4-230)。

图 4-230

A 组 3—4 拍:重心移至左腿,右脚绷脚点地,双手旁按掌做提手腕造型(图 4-231、图 4-232)。

B 组 3—4 拍:重心移至右腿,左脚绷脚点地,双手旁按掌做提手腕造型(图 4-231、图 4-232)。

第四章　幼儿舞蹈表演组合

图 4-231

图 4-232

A 组 5—6 拍:双腿分开,屈膝半蹲(图 4-233)。
B 组 5—6 拍:双腿分开,屈膝半蹲(图 4-233)。

图 4-233

A 组 7—8 拍:重心移至左腿,右脚绷脚点地,双手旁按掌做提手腕造型(图 4-234)。

B 组 7—8 拍:重心移至右腿,左脚绷脚点地,双手旁按掌做提手腕造型(图 4-234)。

图 4-234

(4)(3—8)拍

A 组 1—2 拍:双腿直立,立半脚掌,双手旁按掌提腕,小碎步半脚掌向右侧移动,A 组和 B 组横排左右交换位置(图 4-235)。

B 组 1—2 拍:双腿直立立半脚掌,双手旁按掌提腕,小碎步半脚掌向左侧移动,A 组合 B 组横排左右交换位置(图 4-235)。

图 4-235

A 组 3—4 拍:左腿弯膝半蹲,右脚勾脚迈向左斜前方,右倾头(图 4-236)。
B 组 3—4 拍:右腿弯膝半蹲,左脚勾脚迈向右斜前方,左倾头(图 4-236)。

第四章 幼儿舞蹈表演组合

图 4-236

A组5—6—7—8拍:双腿并拢屈膝半蹲,双手弯臂屈肘,手臂端平,虎口张开,放至嘴角处拧身B组方向面对面(图4-237)。

B组5—6—7—8拍:双腿并拢屈膝半蹲,双手弯臂屈肘,手臂端平,虎口张开,放至嘴角处拧身A组方向面对面(图4-237)。

图 4-237

(5)(4—8)拍

A组1—2—3—4拍:向右侧转身,两腿并拢,半蹲,身体垂直,屈臂弯肘于脸颊前,手心向外呈击掌动作(图4-238)。

B组1—2—3—4拍:向左侧转身,两腿并拢,半蹲,身体垂直,屈臂弯肘于脸颊前,手心向外呈击掌动作(图4-238)。

图 4-238

A 组 5—6 拍：双手推向正上方后转身面对一点方向，如图 4-239 所示；双手从上经过旁平位打开，手心向下，如图 4-240 所示。

B 组 5—6 拍：双手推向正上方后转身面对一点方向，如图 4-239 所示；双手从上经过旁平位打开，手心向下，如图 4-240 所示。

A 组 7—8 拍：向左侧转身面对 8 点方向，双手从上至下提至胸前上方，双手相贴，头右倾。如图 4-241 所示。

B 组 7—8 拍：向左侧转身面对 8 点方向，双手从上至下提至胸前上方，双手相贴，头左倾。如图 4-241 所示。

图 4-239

第四章　幼儿舞蹈表演组合

图 4-240

图 4-241

(6)(5—8)拍

A 组 1—2 拍：双腿分开，屈膝半蹲，双手从上经过小腹下方打开到旁按掌位。如图 4-242 所示。

B 组 1—2 拍：双腿分开，屈膝半蹲，双手从上经过小腹下方打开到旁按掌位。如图 4-242 所示。

A 组 3—4 拍：左腿向左侧迈步，重心移向左脚，右脚绷脚点地；右手旁按掌位，左臂屈臂弯肘，右手握拳，食指点脸颊。如图 4-243 所示。

B 组 3—4 拍：右腿向右侧迈步，重心移向右脚，左脚绷脚点地；左手旁按掌位，右臂屈臂弯肘，右手握拳，食指点脸颊。如图 4-243 所示。

图 4-242

图 4-243

A 组 5—6 拍：双腿分开，屈膝半蹲，双手从上经过小腹下方打开到旁按掌位。如图 4-244 所示。

B 组 5—6 拍：双腿分开，屈膝半蹲，双手从上经过小腹下方打开到旁按掌位。如图 4-244 所示。

A 组 7—8 拍：右腿向右侧迈步，重心移向右脚，左脚绷脚点地；左手旁按掌位，右臂屈臂弯肘，右手握拳，食指点脸颊。如图 4-245 所示。

B 组 7—8 拍：左腿向左侧迈步，重心移向左脚，右脚绷脚点地；右手旁按掌位，左臂屈臂弯肘，左手握拳，食指点脸颊。如图 4-245 所示。

第四章　幼儿舞蹈表演组合

图 4-244

图 4-245

(7)(6—8)拍

A组1—2—3—4拍：转身至一点方向，双手旁按掌，一拍一次做双腿勾脚高抬腿动作。如图4-246所示。

B组1—2—3—4拍：转身至一点方向，双手旁按掌，一拍一次做双腿勾脚高抬腿动作。如图4-246所示。

A组5—6拍：转身右侧面对B组，双手从旁按掌经过正下方，双手握拳，手臂端平于脸前。如图4-247所示。

B组5—6拍：转身左侧面对A组，双手从旁按掌经过正下方，双手握拳，手臂端平于脸前。如图4-247所示。

A组第7拍：双手扩指打开至前平位。如图4-248所示。

B组第7拍：双手扩指打开至前平位。如图4-248所示。

图 4-246

图 4-247

图 4-248

第四章　幼儿舞蹈表演组合

A 组第 8 拍：向左侧转身面对一点，双手点胸口。如图 4-249 所示。
B 组第 8 拍：向右侧转身面对一点，双手点胸口。如图 4-249 所示。

图 4-249

5. 音乐曲谱

笑一个吧

作曲　王正荣

$1=C\ \frac{2}{4}$

| 5 3 3 | 5 3 3 | 5. 4 3 2 | 1 3 5 | 4 2 2 2 | 4 2 2 2 | 5 4 3 1 |

| 2 2 1 | 6. 6 | 4 6 | 5 4 3 4 | 5 - | 6. 6 | 4 6 |

| 5 4 3 4 | 5 - | 5 3 3 | 4 2 2 2 | 5 44 3 1 | 2 2 1 ‖

《笑一个吧》是 C 大调的旋律，2/4 拍。三度音程为主的旋律进行方式，让音乐有跳动性。平稳的中速使乐曲不会显得匆忙，半分解和弦伴奏，突出节拍重音。

(二)《我的家在中国》组合

1. 训练目的

通过学唱歌曲《我的家在中国》,让幼儿在感受快乐的同时学会舞蹈动作的表演,并且粗浅地了解我的祖国是伟大的。歌词中出现的小鱼、小鸟、野花可以让幼儿想象生活在地球上的植物、动物以及人类为什么如此快乐,引导幼儿通过动物、植物的动作体会探索生活的乐趣,通过动作的学习让幼儿知道我生活在中国,生活在富强幸福的中国,正是因为我的祖国带给我们美好的生活环境,才有了这些植物、小动物们以及我们赖以生存的美好家园。让幼儿有理解性地去感知动作,最后用肢体去完成规范的动作,达到舞蹈的训练目的。

2. 动作要领

注意做动作时,模仿植物要规范以及要准确掌握动物的特征性。

3. 歌表演组合设计意图

使幼儿在跳舞的过程中,不但要学会歌曲的演唱,同时还要让幼儿明白生活环境的重要以及了解小动物的特点,了解植物也有顽强的生命力。通过舞蹈动作的学习间接性地了解生活中的一些内容,激发起幼儿的兴趣与好奇,培养幼儿从小养成爱护环境、珍惜生活、保护动植物的好习惯,从而达到完成组合学习的目的。

4. 组合分解动作示范

(1)准备拍(5—6—7—8)
身体直立双手腹前插手腰准备(图4-250)。
(2)(1—8)拍
1—2—3—4拍:屈臂握拳,肘向下指尖向上,小臂与肩同宽;双手同时做小波浪,手向上缓缓移动。如图4-251至图4-255所示。

第四章 幼儿舞蹈表演组合

图 4-250

图 4-251

图 4-252

图 4-253   图 4-254

图 4-255

第四章 幼儿舞蹈表演组合

5—6—7—8拍:双手在肩前握拳,大臂端平,一次横向打开,展臂做波浪手。如图4-256至图4-259所示。

图 4-256

图 4-257

图 4-258

图 4-259

(3)(2—8)拍

1—2拍：左臂动作保持不变，右手随弯肘立腕停在胸前（图4-260）。

3—4拍：右手动作不变，左手随弯肘立腕收回至胸前，双手手腕相碰（图4-261）。

图 4-260　　　　　图 4-261

5—6拍：双手贴于两侧腰，落在身体两侧（图4-262）。

图 4-262

第四章 幼儿舞蹈表演组合

7—8拍:双手从自然位,从两侧缓缓伸起停在旁斜上方(图4-263)。

图 4-263

(4)(3—8)拍

1—2拍:双臂弯肘,肘向下,指尖对向身体外侧,从上落下至旁位(图4-264)。

3—4拍:双臂从旁平位落下至旁按掌位(图4-265)。

图 4-264 　　　　　图 4-265

5—6—7—8拍:双腿弯膝半蹲,双脚原地小碎步转一圈;双手重复1—4拍手臂动作一次。如图4-266至图4-271所示。

图4-266

图4-267

图4-268

图4-269

第四章　幼儿舞蹈表演组合

图 4-270 　　　　　　　　　图 4-271

(5)(4—8)拍
1—2拍:屈臂,双手指尖点在胸口处,右倾头(图4-272)。
3—4拍:保持动作不变,左倾头(图4-273)。

图 4-272 　　　　　　　　　图 4-273

5—6—7—8拍：双手落至自然位，由旁斜下方经过旁斜上方停在正上方，指尖相对点在头部（图4-274、图4-275）。

图 4-274

图 4-275

(6)(5—8)拍

1—2—3—4拍：双手变扩指向正上方伸直，经过旁平位依次向下打开到旁斜下方；同时右脚向右侧迈出，重心移向右脚，左脚绷脚点地（图4-276至图4-278）。

5—6—7—8拍：双手由下到上变化；同时重心移向左脚，右脚绷脚点地（图4-279、图4-280）。

第四章 幼儿舞蹈表演组合

图 4-276

图 4-277

图 4-278

图 4-279　　　　　　　　　　　图 4-280

（7）(6—8)拍

1—2拍：弯肘，双手指尖点在胸口处（图4-281）。

图 4-281

第四章 幼儿舞蹈表演组合

3—4 拍：左脚向前迈步变成单脚跪地，上身动作不变，双手向上伸至旁斜上方（图 4-282、图 4-283）。

图 4-282　　　　　　　　图 4-283

5. 音乐曲谱

我的家在中国

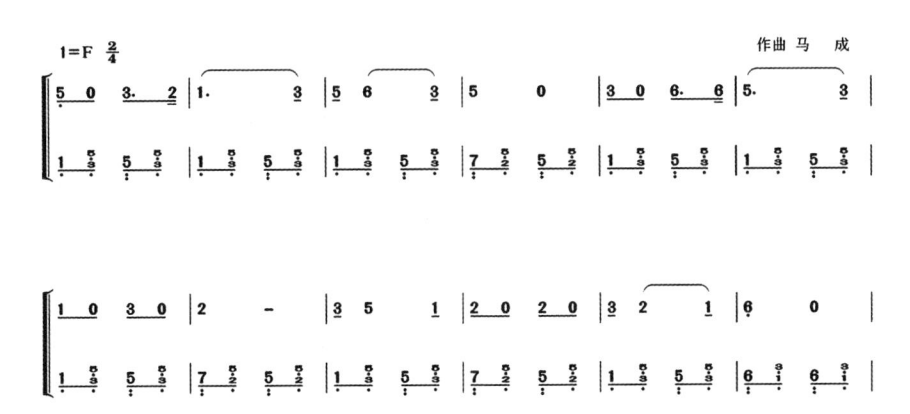

作曲　马　成

《我的家在中国》乐曲为 F 大调,2/4 拍,进行曲形式。附点节奏和切分节奏的交替进行,让乐曲充满活力,使音乐表现出"我的家在中国"的自豪感。旋律采用大三度激进的方式,让乐曲始终处于一种积极向上的状态之中,充满了力量感。每四小结为一个乐句,每一个乐句都采用上行音级,伴奏可以选用半分解和弦跳音,既保留了乐曲昂扬的情绪,又不失少年儿童的天真活泼,将中华民族的自豪感深深地刻进儿童的记忆里。

三、高阶训练——大班教学

《祖国祖国我们爱你》组合

(一)动作要领

动作的表现力度要强劲而有力,不能拖泥带水软绵绵的,像爱祖国可以用双手环抱自己或者双手比作桃心,这些都是形容爱的动作表达,此动作在表现的时候要慢而柔,这样会在动作时展现出来延伸感。可以用手腕与手掌动作来表现小鸟初学飞翔时的姿态。让幼儿掌握动作的表现力,而不是强行教给幼儿舞蹈动作,生硬的舞蹈动作不仅不会让幼儿通过动作学会基本的知识,反而不会让幼儿有好的表现力,从而让幼儿产生疲劳与厌倦。

第四章 幼儿舞蹈表演组合

(二)歌表演组合设计意图

大班幼儿从身体发展角度与心理发展程度来讲,已经逐渐有了一定的基础,我们可以通过简单的队形变化以及动作难度与知识理论同步进行的方式把它在舞蹈动作中呈现与体现出来。所以此组合从动作角度来讲已经逐渐接近初期儿童的舞蹈动作,而组合中体现出来的爱祖国的情怀也是更加深刻,我们爱祖国就要像爱父母、爱亲人、爱自己一样,要学会珍惜,还要学会感恩,更要学会回报,像鸟儿在蓝天中飞翔,是因为有好的自然环境让小动物们得以生存,像小草生长的好是因为人们的善良不去破坏它、践踏它一样。学习动作只是一方面,幼儿的舞蹈是通过动作学会领悟。

(三)组合分解动作示范

(1)准备拍(5—6—7—8)

双腿并拢跪坐于地面,双手旁按掌准备(图 4-284)。

图 4-284

(2)(1—8)拍

1—2 拍:左手旁按掌位不变,右手掌型变为握拳,食指从下经过小腹前升起到前平位,指尖向上(图 4-285)。

图 4-285

3—4拍：右手前平位位不变，左手掌型变为握拳，食指指出从下经过小腹前升起到前平位，指尖向上（图4-286）。

图 4-286

第2拍：双手变为扩指，从前平位升起至正上位，双手与肩同宽（图4-287）。

第3拍：双手从上旁向打开落至旁平位（图4-288）。

7—8拍：双手从旁平位落至旁斜下方（图4-289）。

第四章 幼儿舞蹈表演组合

图 4-287

图 4-288

图 4-289

(3)(2—8)拍

第1拍:左手旁斜下方动作不变,右臂屈臂弯肘,大臂不动,小臂从下到上,从里向外画一圈,右肘关节夹住右侧腰肌,小臂向右斜下方,手摊出(图4-290)。

图 4-290

第2拍:右手动作不变,左臂屈臂弯肘,大臂不动,小臂从下到上,从里向外画一圈,左肘关节夹住左侧腰肌,小臂向左斜下方,手摊出(图4-291)。

图 4-291

第3拍:左手动作不变,右手上移15度(图4-292)。
第4拍:右手动作不变,左手上移15度(图4-293)。

第四章 幼儿舞蹈表演组合

图 4-292

图 4-293

第 5 拍:双膝跪地姿势不变,臀部抬起变为跪姿;同时双手落至下方,经过小腹前在胸前合掌拍手一次,肘关节向下指尖向上(图 4-294)。

图 4-294

第6拍:双膝跪地,左脚向上迈步变为单腿跪姿;同时双手在胸前合掌拍手一次,肘关节向下指尖向上(图4-295)。

图 4-295

第7拍:双膝跪地,左脚不动,右脚向上迈步,双腿直立站好;同时双手在胸前合掌拍手一次,肘关节向下指尖向上(图4-296)。

图 4-296

第8拍:直立站好重复合掌拍手一次(图4-296)。

(4)(3—8)拍

(1—8)拍:双手打开至旁斜下方,集体向右转身,同时一拍一次做左右前吸腿动作,在动作过程中变为手拉手转圆圈,转一圈后回到横排队形(图4-297、图4-298)。

第四章 幼儿舞蹈表演组合

图 4-297

图 4-298

(5)(4—8)拍

1—2拍:双腿弯膝半蹲,双手握拳交叉于正下方,同时低头看手(图4-299)。

图 4-299

3—4拍:双腿弯膝姿态不变,双手经过前平升起来至正上方(图4-300)。

图 4-300

5—6—7—8拍:双腿半蹲,双脚原地小碎步,同时双手从上落至旁平位(图4-301)。

图 4-301

(6)(5—8)拍

1—2—3—4拍:右腿向右旁迈步,重心在右脚,左脚绷脚旁点地;左手旁按掌位,右手从下上升至右斜上方,左倾头,脸转向右手指的方向(图4-302)。

第4拍:双手落下至旁斜下方,双腿并拢弯膝半蹲,同时低头(图4-303)。

第5拍:双手经过旁平位上升至正上位,手腕相贴,手臂呈弧线状,双脚立起半脚掌(图4-304)。

第四章 幼儿舞蹈表演组合

图 4-302

图 4-303

图 4-304

7—8拍:双腿落半脚掌半蹲,双手从上经过旁落至旁按掌,同时低头(图4-305)。

图 4-305

(7)(6—8)拍

1—2—3—4拍:左脚向左旁迈一步,重心在左脚,右脚绷脚旁点地,同时右手旁按掌动作不变,左手握拳,食指指向左前斜下方,上身微俯身向前(图4-306)。

图 4-306

5—6拍:右脚向后撤步,双腿弯膝,右膝跪地;同时双手经过下方屈臂弯肘于胸前,手腕相对于下巴处(图4-307)。

图 4-307

7—8 拍:站立起身,双手落下。

(8)(7—8)拍

1—2—3—4 拍:右腿向右旁迈步,重心在右脚,左脚绷脚旁点地;左手旁按掌位,右手从下上升至右斜上方,左倾头,脸转向右手指的方向。如图 4-308。

5—6—7—8 拍:左腿向左旁迈步,重心在左脚,右脚绷脚旁点地;左手从下上升至左斜上方,右手不变,向左看向左手指的方向。如图 4-308 所示。

图 4-308

(9)(8—8)拍

1—2—3—4 拍:一拍一次做勾脚抬腿,左右脚交替完成,同时左手插腰,右手做敬礼姿势(图 4-309、图 4-310)。

图 4-309

图 4-310

5—6 拍:双腿屈膝半蹲,双手屈臂于胸前,同时低头(图 4-311)。

图 4-311

7—8拍：双手打开到旁斜下方，经过旁平上升至头顶上方，屈臂弯肘，指尖点住头顶处，摆住造型（图4-312、图4-313）。

图 4-312

图 4-313

(10)(9—8)拍

1—2—3—4拍：一拍一次做勾脚抬腿，左右脚交替完成，同时左手插腰，右手做敬礼姿势；同时变队形横排为竖排（图4-314、图4-315）。

5—6拍：双腿屈膝半蹲，双手随屈臂于胸前，同时低头（图4-316）。

7—8拍：前一排的左脚在前右脚在后做单膝跪地；后一排左脚在前的做勾脚踏步动作，同时双手打开至旁斜上方；造型停住，结束（图4-317）。

图 4-314

图 4-315

图 4-316

第四章 幼儿舞蹈表演组合

图 4-317

(四)音乐曲谱

祖国，祖国我们爱你

作曲 潘振声

$1=C$ $\frac{2}{4}$

1 i i | i ⁷i | 7 7 6 #5 | 6 2 3 5 | 5 i i | 5 ⁷i | 5 4 3 2 |

1 5 0 | 3 4 5 6 | 5 ⁷i 0 | 3 4 5 6 | 5 ⁷i 0 | 3 4 5 i | 7 6 |

5. i | 7 6 5 0 | 3 4 5 6 | 5 ⁷i 0 | 3 4 5 6 | 5 ⁷i 0 | 2 3 4 6 |

5 4 3 2 | 1 2 3 | 4 5 6 7 | i 7 i | 6 - | 7 7 6 7 | 5 - |

6 5 6 | 3 - | 4 4 3 5 | 2 - | 1 3 5 | i i | 7 7 6 7 ‖

《祖国，祖国我们爱你》乐曲为 C 大调，2/4 拍，进行曲式，情绪为欢快的、音阶式的上行旋律进行，让音乐始终有推动感，积极向上的情绪充满全曲，同时把我们热爱祖国的感情不断加大。半分解和弦伴奏让节拍重音能够突出。让幼儿有较多机会跟随比较熟悉的音乐做动作，会减轻幼儿探索不熟悉的音乐产生的负担，进而提高幼儿跟随音乐做动作的水平，特别是幼儿所做的动作本身是他们不熟悉的时候，跟随比较熟悉的音乐便显得更加重要。当然，比较熟悉既可指音乐的某一要素是幼儿较熟悉的，也可指某一曲调是幼儿比较熟悉的。同时向幼儿灌输从小养成爱祖国的意识，要让幼儿明白因为有伟大的祖国，才有我们今天的好生活。

第五章 情境道具组合

道具在舞蹈中起到了举足轻重的作用,不管是幼儿舞蹈还是成人舞蹈,为渲染舞蹈气氛,有一半是通过道具来达到的。幼儿舞蹈中的道具以其外观形象生动、色彩鲜艳夺目为主要特点,在幼儿舞蹈中所占比例相当大。道具是展现幼儿舞蹈趣味性的重要手段,幼儿喜欢有趣味的游戏,对幽默滑稽的事物非常感兴趣。在生活中,哪怕是一些微乎其微的小事物,在幼儿眼里都是好玩的,并且是有趣的。

第一节 道具舞蹈

一、《拔萝卜》组合

(一)训练目的

拔萝卜是一个趣味性与表演性相结合的故事,是一个既古老又新鲜的故事。故事的情节很简单,老公公种了一个大萝卜,自己又拔不动,然后大家一个接一个的来帮忙,最后终于拔起了萝卜,通过拔萝卜歌曲与游戏让幼儿懂得,生活中有些事情仅靠一个人的努力是不行的,要靠大家的配合才能做成一个人不能做成的事情。因此,该道具舞蹈的表演能帮助幼儿明白一个人要努力掌握生活的本领,同时还要与其他人友好相处,在遇到困难的时候,要像拔萝卜那样,一个帮一个,同时劲往一处使,大家共同克服困难才能走向成功。让幼儿初步认识萝卜是属于食物中的蔬菜类,是从地下土里生长出来的,并且是埋在土中的蔬菜,让幼儿能够简单地区分蔬菜类别中的食物哪些是在土层表面,哪些是在架上,哪些是在水里,哪些是在土里等。例如土豆、萝卜同属一类;茄子、豆角同属一类;莲藕、水稻同属一类;大葱、菜花同属一类等。通过拔萝卜活动让幼儿知道团结合作的力量,让幼儿明白很多事情都需要合作才能完成,在此基础上了解人际交往与人际关系的重要性,并且通过集体完成动作学会感恩,因为没有任何人是有义务帮助你的,所有的人或者事都是相互的关系,所以要从小培养集体意识与感恩之心,让幼儿懂得感恩别人的帮助与付出。

(二)动作要领

通过《拔萝卜》组合,让幼儿学会俯身动作、仰身动作、小碎步、小跑步、旁点步、弓箭步等动作,通过本组动作的单一练习解决身体的柔韧及上身与下身的协调配合。通过歌曲表演《拔萝卜》以及在结合音乐节拍的同时做拔萝卜的动作,想象和模仿歌曲中各个角色的行走动作。让参与舞蹈表演活动的幼儿一起哼唱拔萝卜歌曲,体验歌唱表演的快乐。本组动作中主要涉及的幼儿舞蹈步伐有弓箭步、小碎步、点步、小跑步、旁点步、后踢步。上身动作涉及的有左右旁腰的移动、双臂前平位的俯身动作和仰身动作。

(三)组合分解动作示范

准备拍:(5—6—7—8)

站立准备,手放于身体两侧(图 5-1)。

图 5-1

第五章　情境道具组合

第一句:拔萝卜,拔萝卜,嘿哟嘿哟拔萝卜,嘿哟嘿哟拔不动。

分解动作:(拔萝卜)双手前平位,向后撤右腿同时屈膝向后仰身(图 5-2)。

图 5-2

(拔萝卜)重心向前,屈膝半蹲,后腿伸直,身体直立(图 5-3)。

图 5-3

(嘿哟嘿哟拔萝卜)转身向 1 点方向,外侧的手插腰,里侧手打开至旁平位,同时外侧腿屈膝半蹲,里侧腿勾脚伸直,头向外倾(图 5-4)。

图 5-4

图 5-5

第二句:老太婆,快快来,快来帮我们拔萝卜。拔萝卜,拔萝卜,嘿哟嘿哟拔萝卜,嘿哟嘿哟拔不动。

分解动作:(老太婆 快快来)双手在 2 点方向前平位,晃动双手,双腿半蹲(图 5-6)。

第五章 情境道具组合

图 5-6

(快来帮我们拔萝卜)双脚立起半脚掌,双膝伸直,双手打开至旁平位(图 5-7)。

图 5-7

(嘿哟嘿哟拔萝卜)转身向后绕圆转圈(图 5-8)。

图 5-8

(嘿哟嘿哟拔不动)圆圈变为两竖排,双腿分开,屈膝半蹲,双手至前平位,身体向左侧微下旁腰(图5-9)。

图 5-9

第三句:小姑娘,快快来,快来帮我们拔萝卜。拔萝卜,拔萝卜,嘿哟嘿哟拔萝卜,嘿哟嘿哟拔不动。

分解动作:(小姑娘,快快来)双腿分开,屈膝半蹲,双手至前平位,身体向左侧微下旁腰(图5-10)。

第五章 情境道具组合

图 5-10

（快来帮我们拔萝卜）双脚立起半脚掌，变为一竖排，双手扶腰（图 5-11）。

图 5-11

（拔萝卜，拔萝卜）站直（图 5-12）。
然后有层次地俯身向下（图 5-13）。
（嘿哟嘿哟拔不动）从竖排向前绕半圆后变为一斜排（图 5-14 至图 5-18）。

图 5-12

图 5-13

图 5-14

第五章 情境道具组合

图 5-15

图 5-16

图 5-17

图 5-18

第四句:小黄狗,快快来,快来帮我们拔萝卜。

分解动作:(小黄狗)重心推向左腿,右脚勾脚向后翘起小腿,左手搭肩,右手从下至上画一圈(图 5-19)。

图 5-19

(快快来)腿收回站直,右手搭肩,左手自然垂下(图 5-20)。

第五章 情境道具组合

图 5-20

(快来帮我们拔萝卜)左手搭肩(图 5-21)。

图 5-21

第五句:拔萝卜,拔萝卜,嘿哟嘿哟拔萝卜,嘿哟嘿哟拔不动(图 5-22)。

分解动作:(拔萝卜,拔萝卜)右手搭肩,身体转向 2 点方向(图 5-23)。

身体拧向 1 点方向半蹲。

(嘿哟嘿哟拔不动)双脚立起半脚掌,双手扶前面人的腰部,微下左旁腰,看萝卜方向(图 5-24)。

图 5-22

图 5-23

图 5-24

第五章 情境道具组合

(四)音乐曲谱

拔萝卜

作曲 包恩珠

$1=F$ $\frac{2}{4}$

5. 6 1 | 3. 2 1 | 5. 3 2 | 5. 3 2 |

5 5 5 5 | 2 3 2 | 5 5 5 5 | 2 3 1 | 5. 6 1 |

3. 2 1 | 5 5 5 5 | 2 3 1 | X X X | X X ‖

《拔萝卜》是一首脍炙人口的幼儿歌曲,大调音型乐曲,2/4 拍。四分音符为一拍,每小节两拍,有一个重音。简单又多次重复地让旋律更有利于记忆。

二、《丢手绢》组合

(一)训练目的

通过歌曲《丢手绢》,我们用情景表演的方式,跟随旋律音乐,编配动作,让幼儿感受快乐氛围。让幼儿在情景表演的同时与他人愉快相处,主动与他人建立友好的同伴关系。通过情景游戏的方式,将幼儿带入游戏的快乐氛围中,通过具体行动思维,引导幼儿和同伴友好相处,促进亲子社会行为的发展。《指南》为 5~6 岁幼儿制定了:"艺术活动中能与他人相互配合,也能独立表现"的发展目标。"[1]建议教师:"经常让幼儿接

---

[1] 《指南》艺术领域(二)表现与创造目标 1 喜欢进行艺术活动并大胆表现 5—6 岁目标 P47 页

触适宜的、各种形式的音乐作品,丰富幼儿对音乐的感受和体验"。①

在户外活动丢手绢游戏中,小朋友们都有自己的伙伴。一名小朋友拿着手绢边唱歌边绕圈踏步走,选择一名小伙伴,将手绢丢放在她的身后。然后小伙伴们得到了指令就起来追逐。

艺术是人类感受美、表现美和创造美的重要形式,也是表达自己对周围世界的认识和情绪态度的独特方式,在情景表演中收获喜悦。《指南》中建议教师:"不能用自己的审美标准去评判幼儿,更不能为追求结果的'完美'而对幼儿进行千篇一律的训练,以免扼杀其想象与创造的萌芽。"②让幼儿自主选择用自己喜欢的方式去模仿或创作,成人不做过多的要求,根据幼儿的生活经验,引导幼儿围绕主题展开想象进行艺术表演。

(二)动作要领

通过训练幼儿走、跑的基本动作以及走圆场步、小碎步的能力,使其乐于跟随旋律音乐,编配动作,感受舞蹈的快乐气氛。在此情景表演中,运用了圆场步、点踏步、吸跳步。训练幼儿以游戏的方式练习走、跑的基本动作,促进幼儿反应能力、观察力、合作意识的增强。首先让幼儿欣赏音乐,熟悉节奏,其次让幼儿跟着节奏学跳动作,以游戏的方式锻炼幼儿的肢体动作协调能力,使幼儿的肢体动作得到发展,在游戏中体会与同伴交往的快乐。符合《指南》精神"能用律动或简单的舞蹈动作表现自己的情绪或自然界的情景"。③

(三)组合分解动作示范

(1)准备拍(5—6—7—8)

圆圈以正部位站立准备,双手打开至旁平位,拉成圆圈(图5-25)。

---

① 《指南》艺术领域(一)感受与欣赏目标2 喜欢欣赏多种多样的艺术形式和作品 教育建议 P47页
② 《指南》艺术领域总教育建议 P45页
③ 《指南》艺术领域(二)表现与创造目标2 具有初步的艺术表现与创造能力 5—6岁目标。

第五章 情境道具组合

图 5-25

(2)(1—8)拍动作分解

A 组 圆圈

1—2拍:迈右脚,重心移向右脚,左脚绷脚点地,同时右倾头(图5-26)。

图 5-26

B 组 活动人物

1—2拍:围绕圆圈转,右脚吸前八 c,左手按掌,右手托掌(图5-27)。

图 5-27

A 组 圆圈

3—4 拍：重心在左，右脚绷脚点地，同时左倾头。

B 组 活动人物

1—2 拍：围绕圆圈转，右脚为吸前八 c，右手按掌，左手托掌。

A 组 圆圈

1—2—3—4 拍：重心在左，右脚绷脚收回至正部位，同时双手经过两侧斜下方到斜上方，再经过正上方落至前平位，扩指（图 5-28、图 5-29）。

图 5-28

第五章 情境道具组合

图 5-29

B组 活动人物

1—2—3—4拍:双腿屈膝半蹲,移重心到右脚,同时俯身微向右前倾,左手旁按掌,右手随屈臂弯肘放于耳根处。

A组 圆圈

5—6—7—8拍:上身动作变为左倾头,微下左膀腰(图5-30)。

图 5-30

B组 活动人物

5—6—7—8拍:重复B组1—2—3—4拍动作。

(3)(2—8)拍动作分解

A组 圆圈

1—2—3—4拍:右脚重心迈向右斜前方,左脚绷脚点地,同时双手变扩指,在右斜下方左右快速摆动手。

B组 活动人物

1—2—3—4拍动作同A组 圆圈1—2—3—4拍动作一样(图5-31)。

图 5-31

A 组 圆圈

5—6—7—8拍：重心移向两脚中间两脚原地小碎步,同时双手变扩指,在左斜下方左右快速摆动手。

B组 活动人物

5—6—7—8拍动作同A组 圆圈1—2—3—4拍动作一样(图5-32)。

图 5-32

(4) (3—8)拍动作分解

A 组 圆圈

1—2—3—4 拍:变换队形从圆圈变为一大横排,同时双手握拳屈臂前后摆动,脚下小碎步。

B 组 活动人物

1—2—3—4 拍动作同 A 组 圆圈 1—2—3—4 拍动作一样,跑到队形打头位置(图 5-33、图 5-34)。

图 5-33

图 5-34

A 组 圆圈

5—6—7—8 拍:变换队形从一大横排变为三角形,同时上身与脚下动作不变。

B 组 活动人物

1—2—3—4 拍动作同 A 组 圆圈 1—2—3—4 拍动作一样,跑到队形打头位置(图 5-35)。

图 5-35

A 组 圆圈

1—2—3—4 拍:三角左侧的迈右脚向 2 点位,左脚绷脚点地,同时双手从下方交叉经过正上方打开到旁按掌位。

三角右侧的迈左脚向 8 点位,右脚绷脚点地,同时双手从下方交叉经过正上方打开到旁按掌位(图 5-36、图 5-37)。

B 组 活动人物

1—2—3—4 拍:双腿屈膝经半蹲后呈单腿蹲,同时双手握拳,屈臂于眼睛前方。

A 组 圆圈

5—6—7—8 拍:双手停在前斜下方,微俯身。

B 组 活动人物。

5—6—7—8 拍动作停在 1—2—3—4 拍动作上不变(图 5-38)。

第五章 情境道具组合

图 5-36

图 5-37

图 5-38

(四)音乐曲谱

丢 手 绢

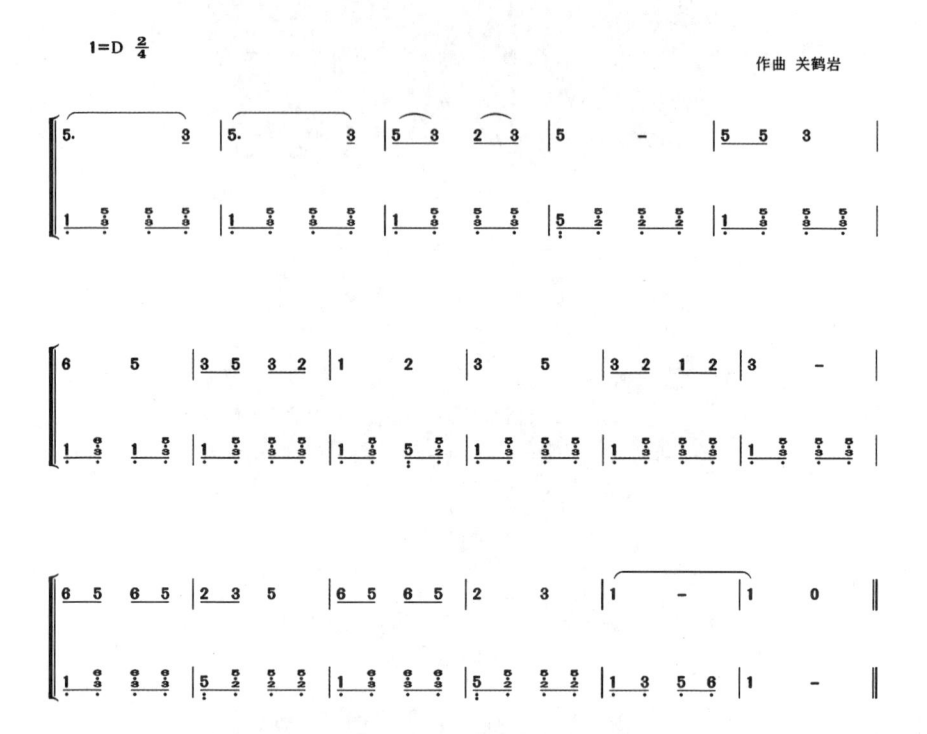

1=D 2/4

作曲 关鹤岩

《丢手绢》是一首脍炙人口的 D 大调，2/4 拍儿童歌曲，附点节奏使乐曲有推动感，三度音程的旋律设计，让乐曲有活泼、跳跃的感觉，四小结为一个乐句，节奏规整，重音突出，便于学龄前儿童学习和记忆，配合一定的道具，让音乐与舞蹈更加完美地结合，学龄前儿童可以在轻松愉快的状态下完成舞蹈学科的学习任务。

第二节　情境舞蹈组合

一、《火车》组合

(一)训练目的

歌曲《火车》,我们用情境演绎的方式,跟随旋律音乐,编配动作,让幼儿感受快乐。让幼儿在情境表演的同时感受开火车的快乐氛围,以及火车造型与众不同的前进方式。通过情境演绎的方式,将幼儿带入开火车的快乐氛围,通过具体行动思维,引导幼儿认识火车独特的出发方式,普及幼儿对更多车辆的认识。

(二)动作要领

在此情境表演中,运用了圆场步、点踏步、颤膝等动作元素。以游戏的方式训练幼儿练习基本动作,促进幼儿反应能力、观察力、合作意识的增强。以游戏的方式锻炼幼儿的手脚动作协调能力,促使幼儿的肢体动作得到发展,在游戏中体会火车运行的快乐。

(三)组合分解动作示范

(1)准备拍
站成一大斜排,后排人抓住前排人的腰部(图5-39)。
(2)(1—8)拍动作分解
1—2—3—4—5—6—7—8拍:一拍一次踏步动作,向前移动(图5-40、图5-41)。

图 5-39

图 5-40

图 5-41

(3)(2—8)拍动作分解

1—2—3—4拍:第一人双腿屈膝半蹲,后面的人双脚立起半脚掌,同时上身微后仰,向左侧下旁腰(图5-42)。

图 5-42

5—6—7—8拍:第一人双腿半蹲站立,后面的人双腿直立(图5-43)。

图 5-43

(4)(3—8)拍动作分解

重复(1—8)拍动作(图5-40、图5-41)。

(5)(4—8)拍动作分解

重复(2—8)拍动作。同时,后面的人立半脚掌时下右旁腰(图5-44)。

图 5-44

(6)(5—8)拍动作分解

重复(1—8)拍动作(图 5-40、图 5-41)。

(7)(6—8)拍动作分解

1—2—3—4—5—6—7—8拍:上身含胸低头,同时半蹲,踏步向前继续走。慢慢抬头,同时变为一大竖排(图 5-45 至图 5-47)。

图 5-45

第五章 情境道具组合

图 5-46

图 5-47

(8)(7—8)拍动作分解

1—2拍:第一人原地半蹲,后面的人立起半脚掌向左侧下旁腰(图5-48)。

3—4拍:第一人原地半蹲,后面的人立起半脚掌向右侧下旁腰(图5-49)。

5—6拍:第一人原地半蹲,后面的人单数立起半脚掌向左侧下旁腰,左手伸出至旁斜上方(图5-50)。

图 5-48

图 5-49

图 5-50

第五章　情境道具组合

7—8拍:第一人原地半蹲,后面的人双数立起半脚掌向右侧下旁腰,右手伸出至旁斜上方(图5-51)。

图 5-51

(四)音乐曲谱

火　　　车

作曲　洪杏芬

1=D 2/4

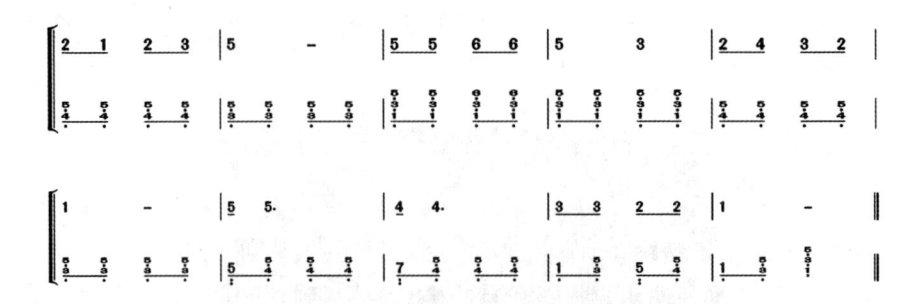

《火车》为 D 大调,2/4 拍,速度稍快的曲目。用连续的八分音符、激进音程关系的乐音组成旋律,平均的八分音符让音乐所表现的"火车"既平稳又不失速度感,让学龄前儿童仿佛真的置身于一列快速行驶的火车之上,充满了期待的情感,期待着火车将自己带到梦想的目的地,完成一次梦寐以求的旅行。伴奏可以选用和弦形式进行,模仿火车在轨道上行驶时发出的声音,让音乐创造显现逼真感。

二、《萤火虫》组合

(一)训练目的

通过歌曲《萤火虫》我们用情景演绎的方式,跟随旋律音乐,编配动作,让幼儿感受快乐。让幼儿在情景表演的同时感受小小萤火虫们破蛹而出,逐渐长大,以及慢慢学会独立成长起来的过程。通过情景演绎的方式,将幼儿带入模仿萤火虫飞翔的快乐氛围,通过具体行动思维,引导幼儿认识身体的各个部位,通过身体的部位完成普及幼儿对舞蹈动作名称的认识,并让幼儿在舞蹈表现的过程中加入以景带情,让幼儿感受美。

从刚开始的低头含胸到慢慢舒展双臂缓缓落下,展示萤火虫破蛹而出的兴奋与喜悦,这是一个非常富有童趣的舞蹈,让幼儿在舞蹈的过程中感受从刚开始的向往飞翔,到之后的飞不起来,经过逐渐的努力慢慢飞起来的状态,同时通过一次次的锻炼,从渐渐成长到能够独立飞翔中获得满足,从而感受飞翔所带来的快乐。

第五章　情境道具组合

(二)动作要领

在此表演组合中,主要运用了含胸造型、旁提、上下摆臂、挑胸腰、背肌两头起等动作元素。训练幼儿以模仿及想象的方式练习基本动作,促进幼儿反应能力、观察力的提高。首先让幼儿欣赏音乐,熟悉节奏;其次让幼儿跟着节奏学跳动作;最后以表演的方式锻炼幼儿的全身动作协调配合能力,促使幼儿的肢体动作与内心情感得到发展。

(三)组合分解动作示范

(1)准备拍(5—6—7—8)

双腿弯膝跪地,双手手臂伸直,双手相叠右手在上,上身含胸低头(图5-52)。

图 5-52

(2)(1—8)拍动作分解

1—2—3—4拍:双手带动上身慢慢起来,同时臀部离开脚,变为双腿跪地。身体直立,双手在正上方交叠(图5-53至图5-55)。

图 5-53

图 5-54

图 5-55

第五章 情境道具组合

5—6—7—8 拍:臀部慢慢坐在脚上,同时上身向后微仰抬头,双手从上到两侧缓缓分开落下(图 5-56 至图 5-58)。

图 5-56

图 5-57

图 5-58

(3)(2—8)拍分解动作

1—2—3—4 拍:左手旁按掌动作不变,右手从下经过旁到上,手臂微屈(图 5-59)。

图 5-59

5—6—7—8 拍:右手上方动作不变,左手从下至旁位到上方,手臂微屈(图 5-60)。

(4)(3—8)拍分解动作

1—2—3—4 左手上方动作不变,右手从上至旁位到下方,停住摆旁按掌姿势(图 5-61)。

第五章 情境道具组合

图 5-60   图 5-61

5—6—7—8 拍:右手旁按掌动作不变,左手从上经过旁位到下方,停住摆旁按掌姿势(图 5-62)。

图 5-62

(5)(4—8)拍动作分解

1—2—3—4拍：双手旁按掌，微微弯手臂，双手经过旁位升至正上方，抬头看手(图5-63)。

图 5-63

5—6—7—8拍：双手从上，微微弯手臂，双手经过旁位落下到旁按掌位(图5-64、图5-65)。

图 5-64

图 5-65

(6)(5—8)拍动作分解

1—2—3—4 拍:双手从旁按掌随弯臂从胸前合掌(图 5-66、图 5-67)。

图 5-66 　　　　图 5-67

5—6—7—8 拍:双手合掌移至左侧,同时向右侧出胯,左倾头,头靠在手上。低头含胸,双手从胸前分开落至旁按掌位(图 5-68、图 5-69)。

图 5-68

图 5-69

(7)(6—8)拍

1—2拍：左手动作不变，右手指向2点斜上方，同时向右侧出胯，左倾头(图5-70)。

3—4拍：左手动作不变，右手回到正上方，手臂伸直(图5-71)。

图 5-70

图 5-71

5—6—7—8 拍：左手动作不变，低头含胸，右手缓缓落下停在旁按掌位，身体坐直（图 5-72 至图 5-74）。

图 5-72   图 5-73

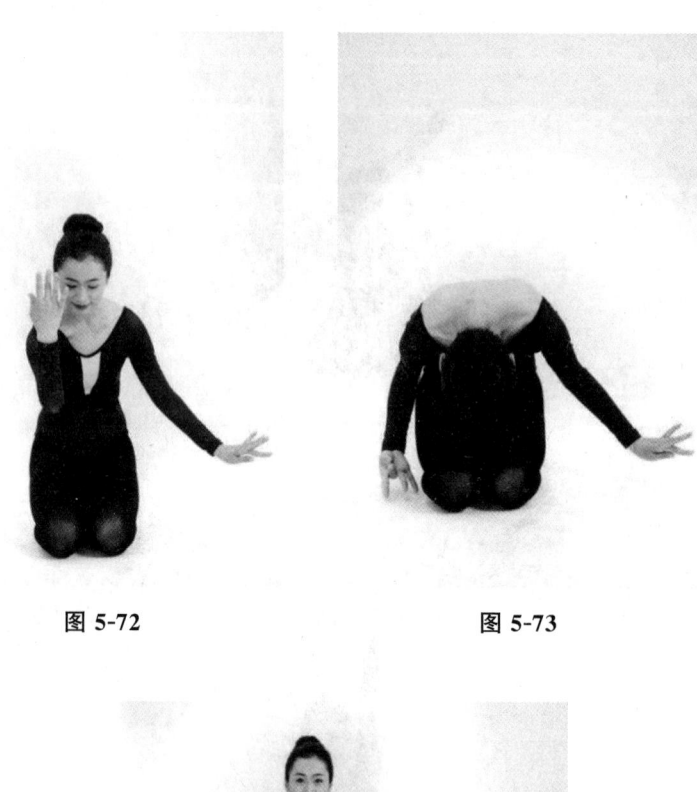

图 5-74

(8)(7—8)拍动作分解

1—2—3—4 拍:右手动作不变,左手指向 8 点斜下方,同时向左侧出胯,右倾头(图 5-75)。

5—6—7—8 拍:右手动作不变,左手缓缓伸起至前方再落至右旁斜下方(图 5-76、图 5-77)。

第五章　情境道具组合

图 5-75

图 5-76

图 5-77

(9)(8—8)拍动作分解

1—2—3—4 拍:双手从右至左横移,同时胯部抬起(图 5-78 至图 5-81)。

5—6—7—8 拍:双手从左到上再落至右斜下方,同时出左胯,右倾头(图 5-82 至图 5-84)。

图 5-78

图 5-79

第五章　情境道具组合

图 5-80

图 5-81

图 5-82

图 5-83

图 5-84

(10)(9—8)拍动作分解

1—2—3—4拍:双手从两侧伸直经过前平位,收回双臂同时低头含胸(图 5-85 至图 5-87)。

第五章　情境道具组合

图 5-85

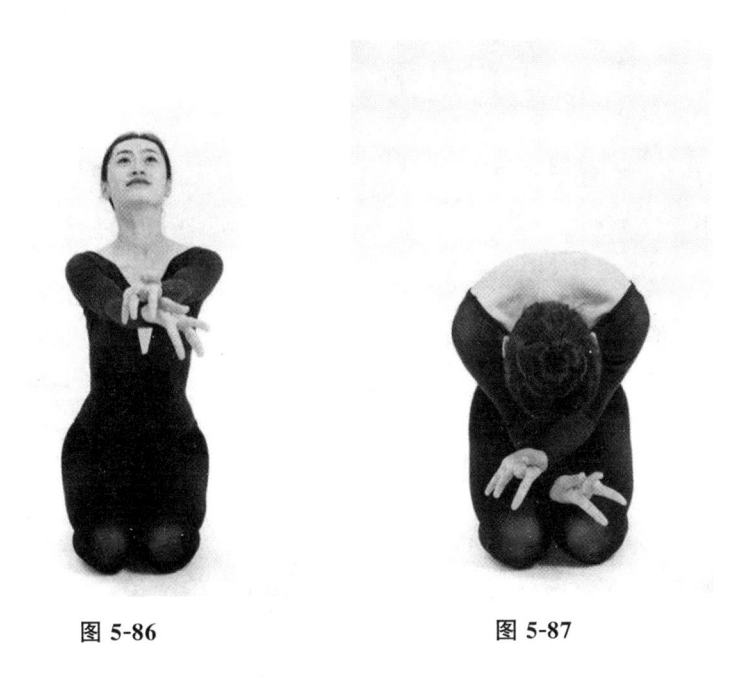

图 5-86　　　　　　　　　图 5-87

5—6—7—8 拍：双手放于上身向前爬去，身体贴地，手伸直后打开至旁平位（图 5-88 至图 5-90）。

图 5-88

图 5-89

图 5-90

(11)(10—8)拍动作分解

1—2—3—4拍:双手从两侧缓缓上升,同时向上起双脚。

5—6—7—8拍:双手缓缓落下,同时落下双脚。

(12)(11—8)拍动作分解

重复9—8拍动作。

(13)(12—8)拍动作分解

1—2—3—4拍:双臂从两侧慢慢相夹头部,手臂伸直(图5-91)。

5—6—7—8拍:身体转向侧面(图5-92)。

图 5-91 　　　　　　图 5-92

(14)(13—8)拍动作分解

1—2—3—4拍:身体继续翻转至仰躺平(图5-93)。

5—6—7—8拍:双手缓缓打开到旁平位(图5-94)。

图 5-93

图 5-94

(15)(14—8)拍动作分解

1—2拍:右腿弯膝盖,绷脚点地收回(图5-95)。

3—4—5—6拍:左腿点地绷脚,弯膝盖收回,同时胸腰挑起来,双手抱住脚腕(图5-96至图5-98)。

第五章　情境道具组合

图 5-95

图 5-96

图 5-97

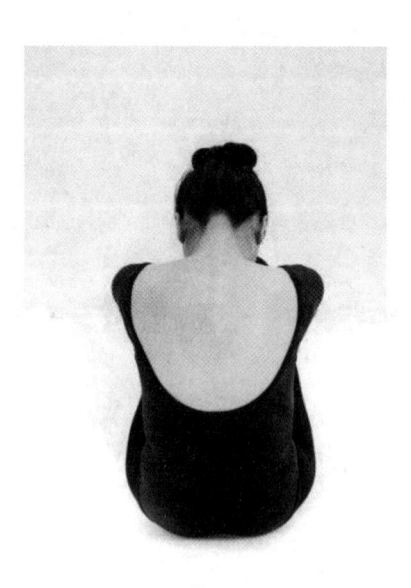

图 5-98

7—8 拍：低头含胸向左转身，面对一点低头跪地。

(16)(15—8)拍动作分解

1—2—3—4 拍：左手背手，右手变兰花手指向 2 点斜上方，同时左倾头，右出胯（图 5-99）。

图 5-99

5—6—7—8 拍：右手动作不变，左手变兰花手指向 8 点斜上方，同时右倾头，出左胯（图 5-100）。

第五章　情境道具组合

图 5-100

(17)(16—8)拍动作分解

1—2—3—4拍:双手从上缓缓落下,停在旁按掌位(图5-101至图5-103)。

图 5-101

图 5-102

图 5-103

5—6—7—8 拍:双手缓缓向上,微仰身抬头。
(18)(17—8)拍动作分解
1—2—3—4 拍:双手从上缓缓落下,停在旁按掌位。
5—6 拍:双手快速向上贴腕一次,双手快速落下旁按掌位。
7—8 拍:重复 5—6 拍动作一次。

第五章 情境道具组合

(19)(18—8)拍动作分解

1—2—3—4拍:双手从旁按掌位随屈臂弯肘合掌于胸前,身体立直。

5—6—7—8拍:双手经过低头含胸打开到旁按掌位,同时身体立直,目视正前方。

(四)音乐曲谱

萤火虫

$1=C$ $\frac{4}{4}$

作曲 陈大力 陈秀男

$3\ \underline{3\,2}\,3\ \underline{3\,2}\ |\ 3\ 6\ 5\ -\ |\ 1\ \underline{1\,\dot{7}}\,1\ \underline{1\,\dot{7}}\ |\ 1\ 3\ 2\ -\ |\ 3\ \underline{3\,2}\,3\ \underline{3\,2}\ |$

$3\ 6\ 7\ -\ |\ \underline{\dot{1}\,7}\,\underline{6\,5}\ \underline{6\,5}\ \underline{3\,1}\ |\ 2\ -\ -\ 0\,1\ |\ \dot{1}\,.\ \underline{\dot{1}\,7}\ \underline{6\,5\,4}\ |\ 5.\ \underline{2\,1}.\ 1\ |$

$6.\ \underline{6\,5}\ \underline{4\,3}\ 2\ |\ 3.\ \underline{3\,4\,5}.\ 1\ |\ \dot{1}.\ \underline{\dot{1}\,\dot{2}}\ \underline{\dot{1}\,7\,6}\ |\ 5.\ \underline{\dot{2}\,\dot{1}}.\ \underline{6\,7}\,|\,\dot{1}.\ \underline{6\,7}\,\dot{1}.\ \dot{1}\ |$

$7\ \dot{1}\ \dot{2}\ -\ |\ \dot{2}\ 0\ 0\ 0\ |\ 3\ \underline{3\,2}\,3\ \underline{3\,2}\ |\ 3\ 6\ 5\ -\ |\ 1\ \underline{1\,\dot{7}}\,1\ \underline{1\,\dot{7}}\ |$

$1\ 3\ 2\ -\ |\ 3\ \underline{3\,2}\,3\ \underline{3\,2}\ |\ 3\ 0\ 6\ 7\ -\ |\ \underline{\dot{1}\,7}\,\underline{6\,5}\ \underline{6\,5}\ \underline{3\,1}\ |\ 2\ -\ -\ 1\ |\ 1\ -\ -\ -\ \|$

学生寄语

对于学前教育专业即将毕业实习的学生来说,最大的希望就是可以将自己的所学与见解,在实际的生活情景中发挥出来,让更多的幼儿接受新的教学模式。

在舞蹈创编学习生涯中,从最初始的根据歌词创编动作,到后来的根据一个动作元素创编组合,在创编的过程中,有对教育方式的迷茫、有对教学模式的疑惑、有不知所措、有词不达意,但到最后都可以用舞蹈创编来解决。舞蹈创编不同于以往传统的教学模式,它将五大领域相融合,充分发挥《3~6岁儿童学习与发展指南》《幼儿园教育指导纲要(试行)》中对于年龄段的划分,做到了不超前、不落后。舞蹈创编把五大领域知识用艺术审美的形式呈现出来,非常具有创新发散思维,舞蹈创编对于幼儿来说还是有一定难度的,但是对于从事幼儿相关职业的人来说,是非常有必要的,它可以更好地帮助幼儿教师快速找到属于自己的教学风格,突出个性,展示风采。它不同于传统的教学模式,可以让幼儿敢说、敢想、敢表达。希望此书可以带给更多从事相关工作的教育同仁一些有益的建议,也希望同类书籍可以畅销。

学生:张一凡

学生寄语

作为一名学前教育专业的学生,对于舞蹈创编的学习,我认为是非常必要的,幼儿舞蹈的创编虽然听起来很简单,但实际上手却是有一定难度的,要根据幼儿的发展和儿童审美来进行舞蹈的创编,实际是要求创编者对3~6岁儿童的发展空间有一定的了解,但是就目前来说,大部分学前教育专业的学生在舞蹈创编这方面还有欠缺,还不能灵活地展开教学,但学习舞蹈创编之后,它能让我们在步入教师这一行业时,教学与课堂更有灵活性,因此我认为开展相关的创编舞蹈课程十分必要,但是实际相关的材料还十分稀缺,所以我认为这本书在儿童舞创编方面能够很大程度地帮助我们学前教育专业的学生,让我们能够在实操的同时有更权威的参考书参考,在学习上定会有质的飞跃。

掌握儿童舞的创编,在今后我们自己的课堂上应用起来,我们的教学质量定会提升,幼儿舞蹈创编会赋予我们在教学活动中有自己的特色与个性,这也为今后我们发展自己的教育理念提供基础,我认为一味照搬素材来讲课将会失去我们自己的教学风格,因此我认为学习舞蹈创编很重要,这不仅仅是对舞蹈的创编,也是我们练习发散思维的一种方式,更能够让我们在走向学前教育这一道路上,在专业技能方面得到很大的提升。

学生:戴子旋

学生寄语

我是2012届学前教育学生,非常荣幸地分享在学校学完舞蹈与幼儿舞蹈创编这两门课程之后的心得体会。

在学校里我对舞蹈课程非常热爱,尽管自身条件不是很好,但是仍在积极努力地去学习,也非常开心能遇到一位责任心极强的老师,不仅在学科上对我帮助非常多,而且在为人处世方面对我的帮助也很大。

从学校毕业以后,我就进入了一所幼儿园工作,实习、转正,直至现在还在这一所幼儿园工作。从刚开始的小白老师,到现在有稍许经验的老师,这过程中我付出了太多,也得到了太多,这都离不开幼儿园领导和闫老师的细心教导。

在幼儿园工作中,免不了幼儿舞蹈的编排,在幼儿园里我负责花样篮球课程,我不仅要教会孩子们一些简单的技巧,还要编排出完整的篮球操。2018年,我们幼儿园参加了文成教育杯组织的花样篮球操比赛,在编排花样篮球操的过程中,队形的变换,我融入了一些舞蹈的元素,让整个篮球操变得更完整、更灵动,获得了不错的成绩。在编排篮球操的过程中,脑袋里总会浮现出闫老师教授的一些舞蹈知识与创编概念,慢慢地我发现在我的工作中时时刻刻都会渗透创编知识,曾经学习到的创编知识在我的工作中都很好地帮助了我。希望此教材能够被更多热爱舞蹈的幼儿教师以及学前教育专业的学生所借鉴、学习并使用。

学生:马谦谦

后 记

为了使学前教育专业学生能充分掌握让幼儿在学习舞蹈过程中学会技能、欣赏艺术,并圆满完成舞蹈教学的能力,本书特意从舞蹈训练内容、训练目标、训练素材、音乐曲目等方面都做了精心安排。

本教材将舞蹈知识渗透到幼儿园一日活动中,充分考虑到学前教育专业学生在实际教学能力训练中遇到的难题,以及幼儿园孩子心理和生理特点等因素,科学设计结构,精心编排内容,方成此书。具体来说,在训练内容上,主要关注了幼儿舞蹈训练的独特性、系统性及复杂性,使本专业学生在教学中不再盲目。在训练目标上,教材充分尊重幼儿活泼好动、可塑性强的天性,启发和鼓励幼儿用肢体动作去表达情绪、抒发感情,增进合作意识、集体意识。在训练素材上,教材力求选择与生活实际息息相关的内容,充分考虑其趣味性,以激发幼儿在学习过程中的积极性和主动性,有效促使幼儿才艺发展和能力的提升。在音乐曲目上,教材借鉴了国内同行的相关成果,精选了一些更容易引起幼儿律动和共鸣的音乐作品,引用的歌曲在书末都标明了来源。

在编写过程中,我很荣幸得到了西北民族大学舞蹈学院李婷婷教授的热心指导和帮助;兰州现代职业学院刘蓓老师在音乐曲目选取方面倾注了很多心血,对两位老师的付出真诚致谢!感谢我的学生张一凡、戴子璇、王梦在组合展示中的配合,也感谢在幼儿园教育一线工作多年的我的学生马谦谦,在此教材出版前给予我的很多建议。

学前教育专业的幼儿舞蹈教材,离不开幼儿的现实生活。经过此次编写,我深信,幼儿舞蹈教学一定要基于幼儿的学习兴趣,只有这样,他们的学习行为才会积极、主动,情绪才会高涨,同时也会使其想象力和创造力有所激发,这也符合幼儿园开设舞蹈艺术教育的目标。

期待这本教材能够早日在学前教育专业学生中使用,给培养更多更优秀的幼儿教育工作者以帮助;也希望能助力幼儿园一线教师教学,让更多幼儿在舞蹈与音乐的海洋中畅游,愉悦身心、茁壮成长。

  本教材虽然基本完工,但我们深感自己能力与学识有限,不足之处也请同行特别是一线教师批评指正。

编者

参考文献

【1】黄世茂. 幼儿舞蹈教学指导[M]. 上海：上海音乐出版社，2013.

【2】许卓雅. 幼儿园音乐教育活动指导[M]. 北京：人民教育出版社，2012.

【3】吕耀坚，孙科京. 幼儿艺术教育与活动指导[M]. 北京：北京师范大学出版社，2014.

【4】李晓. 开心幼儿歌曲[M]. 合肥：安徽文艺书版社，2010.

【5】《3～6岁儿童学习与发展指南》教育部 2012 年 9 月.

【6】吕艺生. 舞蹈教育学[M]. 上海：上海音乐出版社，2011.